LETTRES MAGIQUES.

OU LETTRES SUR LE DIABLE.

PAR M***

Suivies d'une piece curieuse.

..... *Facies non omnibus una*
Nec diversa tamen, qualem decet esse
sororum. Ovid.

EN FRANCE

1791.

AVIS.

Les trois premieres lettres de ce recueil ont été imprimées dans des feuilles périodiques, en 1775 & 1776. Nous les donnons telles qu'elles s'y trouvent. Les deux autres, à leur date, ont paru manuscrites, & depuis cette époque ces manuscrits sont à Paris, dans les mains d'hommes très-graves. Nous ajoutons seulement ici l'historique des unes & des autres. L'objet que traitent ces lettres, quoiqu'ancien autant que le monde, paroîtra nouveau dans ce siecle, & par-là même

AVIS.

piquera la curiosité. L'auteur, comme on le verra, ne garde point l'anonyme. Si sa philosophie est de la bonne philosophie; si, comme il y a apparence, elle ne souffre point de réplique, ces lettres doivent opérer dans les idées une étrange révolution.

LETTRE Iere.

Imprimée dans le Journal ecclésiastique, du mois de Janvier 1775, p. 48.

MONSIEUR,

LE doute méthodique, telle est la route certaine qu'un Philosophe célebre a tracée à tous les hommes pour atteindre le vrai. Rien de si commun aujourd'hui que l'opinion qui nie la possibilité de la Sorcellerie. Certains Journaux & Feuilles périodiques la répandent par-tout cette opinion; elle est devenue celle du Peuple, comme celle des Grands, & il est peu de personnes qui ne badinent de la crédulité de nos bons aïeux sur ce singulier chapitre. Mais ici, Monsieur, la raison souscrira-t-elle? c'est une autre affaire, c'est ce que l'on doit se garder d'assurer, c'est un point qui demande discussion, & peut faire naître dans un esprit vraiment philosophe des doutes utiles & bien fondés.

Qu'est-ce qu'un Magicien ou Sorcier? c'est sans contredit un homme qui opere par le moyen du Démon ou des mauvais génies.

Afin donc de prouver que l'existence d'un être pareil est impossible, il faut prouver au moins l'une de ces trois choses. 1°. Qu'il n'y a point de Démons, 2°. qu'ils ne peuvent avoir avec les hommes aucune communication, aucun commerce. 3°. Qu'ils n'ont point de pouvoir sur la terre pour nuire & faire le mal, ni dans le physique ni dans le moral.

Tout raisonnement qui sort de ce cercle sur ce sujet, ne touche pas à la question, ne peut produire qu'un vain bruit; & tant que ces trois propositions ne seront pas démontrées, ou plutôt dès qu'on aura démontré les propositions contraires, ce qui est très-facile, il en résultera nécessairement que l'existence d'un vrai Sorcier est très-possible.

Aussi, Monsieur, les meilleurs esprits, ces hommes que le préjugé, les clameurs ne subjuguent pas, qui savent se rendre compte en tout de leurs doutes comme de leur croyance, n'ont fait aucune difficulté d'admettre la possibilité de la Sorcellerie.

J'ouvre l'Encyclopédie & je trouve au mot *Sorcier*, qu'on en établit non-seulement la possibilité, mais la réalité même, sur des raisons qu'on ne refuteroit pas ailleurs, dans le même ouvrage, quand on le voudroit, tant elles sont solides.

On y dit fort au long, j'en conviens & rien n'est plus vrai, qu'il faut prendre garde de se livrer aux délires de l'imagination dans cette matiere, qu'on ne doit pas croire aisément aux maléfices, que quelquefois on s'est servi de ce prétexte

Lettre première.

pour accabler des innocents (*a*) On y trouve ces maximes très-philosophiques, p. 370, au commencement de la 2. col. « Ajouter foi trop légèrement à tout ce qu'on raconte en ce genre, & rejetter absolument tout ce qu'on en dit, sont deux extrêmes également dangereux. Examiner & peser les faits, avant que d'y accorder sa confiance, c'est le milieu qu'indique la raison ».

Mais d'un autre côté on examine aussi, on discute, on raisonne, on rapporte des faits, des exemples, des autorités, & parmi ces faits, un sur-tout est frappant & mérite attention, de quelque maniere que l'encyclopédie le présente : c'est celui d'un nommé *Trois-Echelles* qui exista sous Charles IX.

On dit de cet homme d'après *Bayle* ou plutôt Bayle lui-même cité par les Auteurs, p. 371, vers le milieu de la 2. col. dit : « il y apparence que *Trois Echelles* étoit réellement *Sorcier*,

---

(*a*) Debure, l'aîné, a imprimé en 1747 un examen critique de *l'Histoire des Diables de Loudun*, vol. in-12, où il est démontré, quoi qu'on en pense aujourd'hui, que le trop fameux *Grandier* entretenoit véritablement un commerce magique. Cette histoire critiquée & refutée est de *Saint-Aubin*, Calviniste, imposteur mal-adroit, qui a servi de guide à *Gayot du Pitaval* & à tous ceux qui depuis ont voulu justifier *Grandier* du crime de magie.

» & que la plupart de ceux qu'il accusa, ou ne
» l'étoient que par imagination, ou ne l'étoient
» point du tout. Quoi qu'il en soit, *Trois-Echel-*
» *les* profita mal de la grace que lui avoit ac-
» cordée le Roi, & retomba dans ses premiers
» crimes puisqu'il fut supplicié ».

Je dis, Monsieur, que sous quelque jour que l'Encyclopédie présente ce fait (& elle ne le donne que pour mettre en garde contre la trop grande crédulité sur l'article de la Sorcellerie, vu que *Trois-Echelles* accusa de ce crime douze cents personnes, nombre bien fort) cependant il est frappant par lui-même & par ses circonstances.

Observez d'abord cette réflexion bien remarquable, *il y a apparence que Trois-Echelles étoit réellement Sorcier.* Si Bayle a porté ce jugement, & si les Encyclopédistes l'ont adopté, il y avoit pour ces Messieurs dans le fait personnel de *Trois-Echelles* plus que de l'apparence ; on peut dire sans témérité qu'il y avoit de l'évidence, & cette évidence, en effet, y est aussi.

C'est *Bodin* qui dans sa Démonomanie a écrit l'histoire de *Trois-Echelles.* Quelque crédule, quelque superstitieux qu'on le suppose, il ne peut en imposer : il est contemporain, il écrit un fait, il écrit sous les yeux de ceux qui l'ont vu & qui en ont été les témoins : il dit que *Trois-Echelles* fit en présence du Roi & de la Cour des choses fort extraordinaires qu'il détaille, *choses impossibles à la puissance humaine, qu'il ne put donner raison* apparente de ce qu'il faisoit, qu'il avoua qu'il agissoit par l'aide & l'intervention du Démon. Bodin dit ailleurs dans le même traité qu'on ne lui avoit fait aucune violence, aucune menace qui pût le forcer à se dévoiler, que la Cour n'avoit prétendu d'abord que rire & s'amuser de ses tours, que le Roi lui fit grace; qu'il fut renvoyé; qu'il ne put cependant finir son commerce avec les Démons, & que quelqu'envie qu'on eut de le sauver, il fallut en venir à le faire mourir. (en 1571.)

Voilà un fait que j'appelle frappant dans toutes ses circonstances, & ce sont ces circonstances sans doute qui ont fait prononcer à Bayle (*a*) qu'il y avoit apparence que *Trois-Echelles* étoit réellement Sorcier.

Vous voyez, Monsieur, que quand elle ne le voudroit pas, l'Encyclopédie établit plus que la possibilité, puisqu'elle démontre la réalité même des Sorciers, dans le fait seul qu'elle rapporte de *Trois-Echelles*.

Il y a plus: non-seulement dans l'Encyclopédie on veut établir, mais on établit évidemment l'une & l'autre sur les fondemens, comme je l'ai dit, les plus solides. On forme des raisonnemens sans réplique, on présente de puissants motifs de crédibilité, des exemples connus, des autorités qu'on

---

(*a*) Voyez *Réponses aux questions d'un Provincial*, t. 3 sp. 603. Edit. 1717. in fol.

ne peut récuſer. On cite le témoignage de toutes les Nations, des Païens, de pluſieurs Hiſtoriens très-véridiques, de Tacite, de Suetone, d'Ammien-Marcellin, qu'on n'accuſera pas, dit-on, p. 369, col. 2, « d'avoir adopté aveuglément & » faute de bon ſens ce qu'ils racontent des opé- » rations magiques ». On appelle aux Ecrivains Eccléſiaſtiques les plus reſpectables, aux déciſions des Conciles, aux ordonnances de nos Rois, & entre autres de Charles VIII, en 1490, de Charles IX, en 1560 & de Louis XIV, en 1682 ; aux Juriſconſultes, aux hommes les plus célebres que l'Angleterre ait produits depuis un ſiecle, c'eſt-à-dire, à Meſſieurs Barrow, Tillotſon, Stillingfleet, Jenkin, Prideaux, Clarke, Loke, Voſſius, &c. On rapporte ces paſſages de *Malbranche*, Recherche de la Vérité, l. 3, c. 6. « Je » ne doute pas qu'il ne puiſſe y avoir des Sor- » ciers, des charmes, & des ſortileges, & que » le Démon n'exerce quelquefois ſa malice ſur » les hommes par la permiſſion de Dieu.... » Il eſt ſans doute que les vrais Sorciers méri- » tent la mort. » Enfin on dit formellement, » p. 370, vers la fin de la premiere col. Il » ſeroit inſenſé de ne pas croire que quelquefois » les Démons entretiennent avec les hommes, » de ces commerces qu'on nomme Magie ».

Du Code Philoſophique, Monſieur, paſſez maintenant à un autre plus grave ; aux Regiſtres de la Faculté de Théologie de Paris, vous y verrez soutenir hautement la possibilité de la Sorcellerie, c'est-à-dire du commerce avec les Démons, la vérité même des effets qui souvent en ont résulté; vous y verrez que cet art infernal peut être porté, sinon jusqu'à forcer l'homme de vouloir ou désirer telle ou telle chose, *du moins jusqu'à le séduire & lui inspirer des pensées (a), des desirs, & des actions contraires à la saine raison & au bon ordre.*

En 1398, cette faculté fit sur cette matiere un Décret de vingt-huit articles, dont voici le dix-huitieme.

Quod per tales artes & ritus impios, per sortilegia, per carmina & invocationes Dæmonum, per quasdam incantationes & alia maleficia nullus unquam effectus ministerio Dæmonum subsequatur Error.

Quelques personnes alors s'appuyant sur certains textes de l'Ecriture mal entendus, tels que celui-ci, *cùm Diabolus jam misisset in cor, &c....* pour soutenir que le Diable pouvoit ôter la liberté, les Docteurs assemblés firent dans le même décret l'Article suivant, qui est le quinzieme.

Quod possibile est per tales artes cogere liberum hominis arbitrium ad voluntatem seu desiderium, Error.

────────────

(a) Voyez Mésenguy, Abregé de l'ancien Testament Tom. 2, in-12. Edit. 1737. p. 56.

Les Canonistes d'ailleurs supposent comme chose très-certaine, que l'effet du mariage, par exemple, peut être empêché par opération magique.

Le Canon suivant qui se trouve *in Decreti 2a. parte C. 33. quæst. I.* peut seul en fournir la preuve.

Si per sortiarias atque maleficas artes, occulto sed nunquam injusto judicio Dei, permittente & Diabolo præparante, concubitus non sequitur, hortandi sunt, &c.

Laissons-là le témoignage des Historiens profanes, de Tacite, d'Ammien-Marcellin, de Suetone & de mille autres. Ce dernier cependant ne croit pas qu'on puisse douter de la réalité des dévouemens au Démon, des maléfices & sortilèges: il suffit pour s'en convaincre de lire ce passage, où il est question de *Germanicus* : c'est au commencement de la vie de Caligula.

Obtrectatoribus etiam.... ita lenis & innoxius fuit ut Pisoni... non prius succensere in animum induxerit quam veneficiis quoque & devotionibus impugnari se comperisset.

Après cet exposé, Monsieur, vous serez surpris sans doute, qu'à l'Article *Sorcellerie*, Article au reste fort superficiel & fort court, qui précéde immédiatement celui *Sorcier*, on répande le ridicule sur ceux qui y croient ou qui y ont cru, & que l'on veuille introduire à cet égard une parfaite incrédulité ; mais vous le savez, des mots ne sont pas des choses : il faut des motifs pour ne croire pas comme pour croire, & l'incrédulité que l'on préconise ici, n'est ni ne sera jamais motivée. On peut dire de ces deux Articles de l'ouvrage Encyclopédique, que c'est le pot de terre & le pot de fer. Le second brise absolument le premier. Dans l'un c'est la raison, la saine philosophie qui élevent la voix, & leur langage se fera toujours entendre à tous les siecles, à toutes les Nations; vous trouverez dans l'autre le ton tranchant du jour, une déclamation vuide, des mots, des phrases, & rien de plus, & ce vuide, l'Auteur du second article l'a sûrement senti ; il semble n'avoir eu en vue que de combattre ce qu'a avancé son collegue, & en effet, dès les premieres lignes il le détruit absolument.

Et voici, Monsieur, ce que j'appelle *des mots* à l'Article *Sorcellerie*, & ce que l'on peut donner à tous les Rhéteurs présents & à venir comme le plus parfait prototype d'une *phrase* ; lisez p. 369, vers le milieu de la premiere col. « Le fameux » Curé *Gaufredy*, brûlé à Aix en 1611, avoit » avoué qu'il étoit Sorcier & les Juges l'avoient » cru ».

Pourquoi d'abord les Juges n'auroient-ils pas cru en 1611 ce qui avoit été démontré en 1571, savoir, la possibilité d'un vrai Sorcier?

Ab actu ad posse valet consequentia. Il y avoit eu un vrai Sorcier en 1571, donc quarante an après il pouvoit en exister un autre; donc, pour le dire en passant, il peut y en avoir encore aujourd'hui en 1774. *Ab actu ad posse valet consequentia.* En second lieu, qu'est-ce qu'un homme qui dans le dix-septieme siecle avoue qu'il est Sorcier, quoiqu'il ne le soit pas, avant de subir aucune torture, lorsque toutes les apparences sont pour lui, qu'il est généralement estimé, puissamment soutenu, qu'il lui est aisé, s'il est innocent, de faire voir son innocence, qu'il n'y a contre lui ni intrigue, ni passion, ni manœuvre ? c'est un être de raison, un être chimérique.

Consultez, Monsieur, l'histoire de *Gaufrédy*, vous verrez que son procès fut fait dans les meilleures formes, par les Juges les plus intégres, les plus éclairés, Commissaires députés du Parlement d'Aix, sans avoir été interrompu un seul jour pendant trois mois consécutifs, avec le concours des deux Justices, Ecclésiastique & Civile, que la force seule de la vérité & du prodige avoit appelées. Vous direz après cela, si vous concevez la stupidité que l'on suppose, tant dans l'accusé que dans les Juges, si un être aussi stupide n'est pas une chimere, & si la ligne de l'Encyclopédie sur *Gaufrédy* n'est pas une *phrase*.

Mais la raison n'étoit pas née : elle attendit encore, nous dit la ligne suivante, 61 ans pour éclorre.

Du reste, qui ne sait que l'ignorance & la superstition attribuent souvent à la magie des opérations que des hommes adroits & laborieux ne devoient qu'à une profonde Physique, c'est-à-dire, à une science étendue des secrets de la nature. Suit-il de là que d'autres hommes n'aient jamais pu avoir aucun commerce avec les Démons, ni opérer par leur moyen aucun malefice, aucun prodige ? non, il en faut conclure seulement qu'on devroit aujourd'hui regarder comme un vrai Sorcier, un homme qui, ainsi que *Trois-Echelles*, produisant quelque merveilleux effet, n'en pourroit rendre aucune raison physique & plausible : ce seroit à bon droit que l'on soupçonneroit un être pareil d'avoir quelqu'intelligence avec le Démon qui, par parenthese, est à-coup-sûr un grand Physicien ; & pourquoi, Monsieur, ne croiroit-on pas à l'existence des Démons ? quelle raison pourroit en empêcher ? écoutons M. de Voltaire......

» Telle est la doctrine des anciens Brachmanes
» qu'ils enseignent encore depuis environ cin-
» quante siecles. Nos Marchands qui ont trafiqué
» dans l'Inde n'en ont jamais été instruits. Nos
» Missionnaires ne l'ont pas été davantage, &
» les Brames qui n'ont jamais été édifiés ni de
» leur science, ni de leurs mœurs, ne leur ont
» point communiqué leurs secrets. Il a fallu qu'un
» Anglois, nommé M. *Holwel*, ait habité trente
» ans à Benarez, sur le Gange, ancienne Ecole
» des Brachmanes, qu'il ait appris l'ancienne
» Langue sacrée du *Hanscrit* & qu'il ait lu les
» anciens livres de la Religion Indienne, pour

» enrichir enfin notre Europe de ces connoissances
» singulieres ».

C'est ainsi que s'exprime M. de Voltaire dans le premier volume des Questions sur l'Encyclopédie (page 319.) Après avoir rapporté les cinq Chapitres du *Shasta*..... Et quel est donc, Monsieur, le sujet de cette belle exclamation ? que nous apprennent ces connoissances précieuses dont parle M. de Voltaire ? elle nous apprennent que Dieu a créé des Anges dont les uns lui sont restés fideles, & les autres *immémorans du bonheur de leur création & de leur devoir, rejetterent le pouvoir de perfection, & exercerent le pouvoir d'imperfection*, (page 316.) pour lui désobéir & furent ensuite *précipités du lieu éminent dans le lieu de ténebres, dans l'ondéra pour y être punis*, &c. p. 317.

Voilà, Monsieur, la Doctrine que M. de Voltaire admire avec raison, & qu'il prétend avoir été mieux connue des Indiens, des Perses, & des Chaldéens, que des Juifs même, puisque *les Hébreux, selon lui, ne connurent jamais la chute des Anges jusqu'aux premiers temps de l'Ere Chrétienne*, (p. 320.) & *qu'avant la captivité de Babylone ils ne surent le nom d'aucun d'eux*. (p 322.) Mais quant au premier point sur-tout, M. de Voltaire se trompe : ces Esprits célestes s'étant souvent communiqués aux hommes dans les premiers siecles, tant qu'ils garderent une certaine innocence, la tradition de leur existence se transmit également à toutes les Nations ou Saintes ou Idolâtres, & Moyse, ainsi que tout le peuple Hébreu, n'a jamais pu voir autre chose qu'un des Esprits méchants & dégradés, dans le Serpent qui trompa Eve, esprits dont Dieu sans doute lui avoit dès long-temps révélé la chute ou la désobéissance, quoiqu'il ne parle pas expressément de cette chute dans les livres de sa Loi. La croyance aux Démons n'a donc rien qui répugne, & peut être admise suivant M. de Voltaire même.

Que penser après cela, Monsieur, du ton hardi dont on assure aujourd'hui que la Sorcellerie est impossible, que tout ce qui s'est jamais débité sur ce sujet n'est que chimere? Que veulent dire l'espece de fanatisme avec lequel on soutient cette opinion, les ris, les clameurs dont on accueille ceux qui osent dire que l'on pourroit bien se tromper, que la Nation là-dessus pourroit bien être abusée? Un vrai Philosophe, un esprit sain & judicieux en conclura sans doute que ce fanatisme est *suspect*, que cette incrédulité est sotte & aveugle, *que l'objet mérite l'attention de tous ceux qui par état doivent travailler au bien public* (a).

(a) Voyez le Traité de la Police de Delamare tome premier, Liv. 3. Tit. 7, & les Remontrances du Parlement de Rouen à Louis XIV, en 1670, réimprimées chez *Debure* en 1737, dans l'examen & discussion critique de l'histoire des diables de Londun, dont il est parlé ci-dessus.

Je dois cependant vous faire observer, Monsieur, qu'au mot *Sortilege* (p. 382.) le Dictionnaire Encyclopédique dit, qu'*il n'appartient qu'aux Théologiens de traiter une matiere si délicate :* mais faut-il pour cela être Théologien *ex professo* & par état ? ce n'est pas là sans doute ce qu'entend l'Encyclopédie. Et en vain objecteroit-elle avec M *Ayrault*. p. 372, *qu'il n'y a que des stupides, des paysans & des rustres qui soient Sorciers*, & que ceux que l'on suppose l'être sont communément *fort mal partagés du côté des lumieres de l'esprit & des biens de la fortune.*

Il est aisé de répondre à cette objection frivole, que s'il existe des Sorciers bien partagés de ce côté là, leur esprit les met à l'abri, ainsi que leur fortune, & leur sert sûrement à couvrir leur jeu, ressource que n'auroient pas des stupides, des paysans, & des rustres : c'est pourquoi ceux-ci seroient plus aisément connus & découverts.

Quant à la *raison satisfaisante* que demande l'Encyclopédie, au même endroit, de la cessation du pouvoir des Sorciers, dès qu'ils sont entre les mains de la Justice ;

A supposer que cette cessation soit vraie ou ait eu lieu, ceux qui connoissent les voies admirables de la Providence, la force du trouble de la conscience dans un scélérat devant ses Juges & la craintise, si je puis ainsi parler, des Démons, l'auront bientôt donnée.

Lettre premiere.

Enfin, s'il ne se trouve point de Sorciers dans les Jurisdictions où l'on ne croit pas à la Sorcellerie, la raison en est bien simple, c'est que ce crime ténébreux n'y subit aucune recherche.

J'ai l'honneur d'être, &c.

à Dijon, le 20 Novembre 1773.

―――――――――――

La lettre que l'on vient de lire, fut portée par l'auteur en 1774, à feu M. *Fréron* qui la reçut fort bien, & voulut l'insérer dans son *année littéraire*. Il l'avoit en effet donnée à l'imprimeur, avec un petit commentaire de sa façon, où il s'egayoit à son ordinaire sur l'incrédulité de nos beaux esprits, & les perpétuelles contradictions qui font l'ornement de *l'Encyclopédie*. Mais M. le censeur n'ayant pas porté le même jugement que M. Fréron, c'est-à-dire, ne regardant pas cette pièce comme assez littéraire, ni assez orthodoxe pour avoir place dans la feuille, il l'en élimina sans miséricorde, & M. Fréron se vit obligé d'y substituer très-promptement un remplissage, savoir un fragment de *Tacite* qui ouvre le N° 6. Tom. 2, 1re Lettre, année 1774, suivi d'une lettre de *Piron* à feu M. l'Abbé Mall. de Dijon, le tout depuis la page 3 jusqu'à la 14. inclusivement; c'est ce qu'on a appris dans le temps, de M. Fr. lui-même.

Il n'étoit guere d'usages alors qu'un journal

rendit compte d'un autre journal, il falloit pour cela des raisons qui en valuſſent la peine. Comment donc s'eſt-il fait que la précédente lettre, ſimple & ſans prétention, qu'une lettre qui ſembloit devoir être oubliée, (comme étant *inhumée*, pour parler le langage de Freron, non au Mercure, mais ce qui eſt encore pis, au journal eccléſiaſtique que le monde ne connoît pas) ait mérité d'un illuſtre membre de l'académie des ſciences les honneurs de la critique? Que l'on ouvre *le journal des ſavans*, (mai 1775,) article *des nouvelles littéraires*, p. 941, on y trouvera la notice ſuivante faite par un des collaborateurs, mais qu'il n'avoit pas communiquée à ſes collegues.

« Quoique nous ne ſoyons pas dans l'uſage d'annoncer des journaux qui ſouvent ne ſont qu'un démembrement du nôtre, par la nature des objets qui y ſont traités, nous croyons devoir excepter celui-ci, (*le journal eccléſiaſtique*), qui a un objet trop limité, trop différent de tout autre, & qui paroît néceſſaire à un trop grand nombre de perſonnes.

Ce premier volume (Janvier 1775), préſente d'abord une diſſertation fort curieuſe de M. L. C. Rondet, qui eſt très-connu par ſa vaſte érudition. La queſtion qu'il examine, &c.

. . . .
. . . .

« On trouve enſuite une ſuite de l'analyſe de

« l'épître aux Hébreux.............Une let-
« tre sur les religieuses chartreuses, & une au-
« tre où l'on s'efforce de prouver la possibilité
« & même l'existence des Sorciers, &c..... On y
« compte beaucoup sur un mot que *Bayle* a eu
« la foiblesse de dire à l'occasion de *Trois Echelles*
« qui fut brûlé en 1571, *qu'il y a apparence*
« *que Trois-Echelles étoit réellement Sorcier*, &
« sur l'usage qu'on en fait dans l'article *Sor-*
« *ciers*, de l'Encyclopédie. On cite plusieurs phi-
« losophes qui, à la vérité, n'étoient pas des physi-
« ciens, & qui vivoient dans des siecles d'igno-
« rance, où des fripons adroits avoient beau jeu
« & étonnoient assez le vulgaire, pour parvenir
« à se faire brûler comme Sorciers. Tel eût été
« peut-être le sort de *Comus* ou de *Jacques Droz*,
« dont nous avons annoncé les automates sin-
« guliers, sur-tout le petit enfant qui écrit tout
« ce qu'on lui dicte sans que personne y touche.
C'est cette critique de M. D. L., de l'académie
des sciences qui a donné lieu à la lettre suivante.
Voici le jugement qu'en a porté la gazette ecclé-
« siastique du 14 mai 1776. Cette lettre signée
« *l'Abbé Fiard*, qu'on croit être un ex-jésuite,
« prouve *démonstrativement* que *Bayle* même a
« cru très-réel l'art de la Sorcellerie ».

Lettre seconde.

LETTRE IIme

*Imprimée dans le Journal de Verdun.
Février 1776.*

Éclairer, Monsieur, l'humanité, lui être utile, tel est sans doute le but de vos veilles & ce but élevé chaque mois, confirme que vous savez l'atteindre. Cependant cette fonction que vous vous êtes imposée, & que vous remplissez si glorieusement, vous a-t-elle mis au-dessus de la condition humaine? Vous rend-elle supérieur aux préjugés, à l'erreur? Le respect pour une opinion même fausse & mal fondée, mais à la mode, ne peut-il vous animer & dicter vos jugemens? C'est-là un foible dont les plus sages souvent se gardent à peine, & si vous m'en demandez la preuve, je la trouverai dans votre Journal de Mai dernier.

Vous y dites à la page 942, dans les Nouvelles Littéraires, que « l'on s'efforce, dans une
» Lettre du *Journal Ecclésiastique* de Janvier
» de cette année 1775, *de prouver la possibilité*
» *& même l'existence des Sorciers; que l'on compte*
» *beaucoup sur un mot que Bayle a eu la foi-*
» *blesse de dire*..... *sur l'usage qu'on en a fait*
» *dans l'article Sorcier de l'Encyclopédie*, en-

« fin que l'on cite, apparemment pour appuyer
« le sentiment qui admet cette possibilité, plu-
« sieurs Philosophes qui n'étoient pas des Phy-
« siciens & qui vivoient dans des siecles d'igno-
« rance....

Permettez-moi de vous dire, Monsieur, que ce peu de mots montre assez que vous tenez encore beaucoup au préjugé & que, comme la plupart des hommes, vous sacrifiez à l'opinion.

D'abord, pour prouver la possibilité & l'existence, au moins passée, de ces êtres qu'on nomme *Sorciers*, c'est-à-dire, communiquans avec les démons, il ne faut pas un grand effort. S'il n'y avoit point de démons, si les païens eux-mêmes n'en avoient pas reconnu, s'il n'étoit pas démontré par des faits incontestables que ces esprits méchans ont du pouvoir, qu'ils recherchent l'homme pour le tromper, pour le surprendre, pour lui nuire, pour perdre l'un par l'autre, qu'ils sont jaloux de son culte, si ces faits n'étoient consignés dans les plus précieux dépôts, dans les fastes de la Religion, les Annales des Nations, les greffes de tous les Tribunaux, les regiftres de toutes les Cours, s'ils n'avoient pas pour eux le suffrage de la raison qui ne voit rien dans ces faits de répugnant, rien au contraire dans le commerce de certains hommes avec les démons, que de possible, de vraisemblable, si, dis-je, tout cela n'étoit pas, l'on conçoit qu'il faudroit de grands efforts pour prouver la possibilité des Sorciers, & l'entreprendre, seroit une folie : mais malheureusement tout cela est & cela n'est que trop.

Que l'on soit donc incrédule aujourd'hui sur cet article au point où on l'est, me direz-vous, que l'on se trompe ou que l'on soit trompé si étrangement, à quoi l'attribuer, à qui s'en prendre ?

Cette incrédulité, Monsieur, a bien des causes. Je pourrois les déduire ici. La premiere, & ce ne seroit pas la moins recevable, c'est le dépérissement sensible de la religion, dépérissement, prenez - y garde, que l'on apperçoit par-tout, même dans ceux que leur état oblige à l'empêcher. La seconde est évidente ; elle est prise de nos jours, de la situation actuelle des Sciences : vous la goûterez. Rappellez-vous ce mot, Monsieur, *trop de lumiere éblouit*. On a fait en physique de nouvelles découvertes, on a porté fort loin la connoissance de la nature, de ses opérations, de ses forces ; on a perfectionné certains agens qu'elle employe, les instrumens d'optique, de Méchanique ; sur la seule électricité, que d'expériences singulieres ! donc, a-t-on dit aussitôt, il n'y a plus rien d'étonnant. Ce que nos peres appeloient *prodige*, ce qu'ils donnoient à Dieu ou au Diable, ne fut jamais ni de l'un ni de l'autre ; il faut le donner à la nature ou à l'art, à l'industrie qui imitent la nature & souvent la surpassent. La nature & l'art, voilà les

gran

grands principes, les grands moteurs, les agens universels: rien n'est au-dessus de leur pouvoir. Ainsi, Monsieur, l'on a conclu du particulier au général; de grands Physiciens par le secours de l'art font des miracles ou des especes de miracles; donc tous les miracles sont de cet ordre, donc il n'y en a point d'autres; & vous savez en bonne logique comment on regarde cette conclusion.

Cette Lettre doit être courte; vous n'avez, Monsieur, écrit qu'une page sur ce qui en fait l'objet. Il ne faut que quelques pages pour vous répondre, les citations seules peuvent les multiplier. Si l'amour du vrai, le désir du bien regne en votre ame, comme on doit le croire, elles auront votre suffrage. Je passe à ce que vous dites de *Bayle*.

Bayle a eu la foiblesse de prononcer un mot, savoir, qu'il y avoit apparence qu'un certain Trois-Echelles, qui vivoit sous Charles IX, étoit réellement Sorcier. De ce mot de *Bayle* on concluroit qu'il croyoit aux Sorciers: il ne pouvoit cependant y croire; donc, selon vous, s'il l'a dit, c'est *une foiblesse*.

Rassurez vous, Monsieur, ce mot n'est pas dans *Bayle*. Pour battre celui qui l'a mis sur son compte, vous auriez eu beau jeu; ou plutôt, si vous eussiez connu vos avantages, si vous en eussiez usé; le seul Auteur de l'article *Sorcier* de l'Encyclopédie ayant prêté ce mot à

Bayle, & ce mot ne lui ayant été prêté que d'après cet Auteur, ce seroit lui seul que vous eussiez pu attaquer, mais bien sûrement vous ne pouviez triompher.

Bayle n'a pas dit ce mot, cela est vrai ; cependant l'endroit cité par l'Encyclopédie, le chapitre 55 des *Réponses aux questions d'un Provincial* laisse voir qu'il l'a pensé, qu'il ne fait aucun doute que ce *Trois-Echelles* n'ait été réellement Sorcier, qu'il n'y ait eu des hommes de cette espece, qu'il ne puisse y en avoir. Ouvrez le Volume, c'est à la p. 602, Edit. in-fol. de 1727. tom. 3. *Œuvres diverses. Rép. aux quest. d'un Prov.*

Bayle, dans ce Chapitre, se propose de critiquer ces paroles de Mezeray ; *un prêtre nommé Des Echelles qui fut exécuté en Greve pour avoir eu commerce avec les mauvais démons, accusa douze cens personnes du même crime.*

Il avoit-là sans doute une belle occasion d'endoctriner les humains, de les désabuser, de pulvériser ceux qui croient à la magie, ou du moins de faire voir qu'il étoit bien au dessus de pareilles sottises ; cependant rien de tout cela ; toute sa critique se réduit à nier le nom, la peine & la qualité de *Prêtre* que Mezeray donne à son personnage, à trouver impertinente l'accusation portant sur un tel nombre, & Bayle rapporte de ce Sorcier un petit miracle qu'il ne songe pas à contester, que l'on contesteroit aujourd'hui, ou que l'on mettroit au rang de ces choses qui peuvent être naturelles ; voici comment il parle..

» Il vous semble que M. *de Mezeray* n'est point
» exact dans les dernieres paroles du passage que
» je vous ai allégué. *Un prêtre, &c....* Vous
» croyez qu'il y a là certaines choses qui peuvent
» être critiquées, & vous souhaitez savoir de moi,
» si votre soupçon est raisonnable. N'en doutez
» point, Monsieur, il me vint la même pensée,
» lorsque je citai ce passage ; mais pour éviter une
» digression qui me paroissoit incommode en
» cet endroit-là, je ne voulus point faire le
» critique, la discussion se pourra faire aujour-
» d'hui plus commodément. Je m'imagine que
» M. *de Mezeray* a dit *Des Echelles* au lieu de
» *Trois-Echelles.* Si cela est, il a commis une
» grosse faute, car le Sorcier *Trois-Echelles* ne
» fût point exécuté. Il eut sa grace sous condition
» de révéler ses complices. Bodin parle de cela en
» plusieurs endroits, sans donner à cet homme-là
» le caractere de Prêtre, & l'on ne peut point
» attribuer cette omission à son respect pour le
» Sacerdoce, car il fait mention de plusieurs
» Prêtres Sorciers, & il dit même que les plus
» grands Sorciers ont été Prêtres. Il semble donc
» que M. *de Mezerai* s'abuse, & quant au nom,
» & quant à la qualité, & quant à la peine de ce
» Sorcier. Vous allez lire quelques particularités
» de l'histoire de ce personnage ».

Une des particularités que *Bayle* cite ensuite,

il la tire de Bodin, c'est que ce *coquin & scélérat*, (Bayle lui donne ces qualifications, page 603, au même chap.) faisoit venir dans sa main l'un après l'autre, en présence du Roi & de sa Cour, les chaînons d'une chaîne d'or que sur le champ il rendoit entiere. Au même endroit il ajoute « on le condamna l'an 1571, selon Bodin »; & sur ce que l'Auteur du Journal du regne de Henri III, parle d'un chef de Sorciers qui existoit vers 1572, Bayle dit à son Provincial, page 604 au même chap. « Ne doutez pas qu'il ne parle » de *Trois-Echelles.* » Il est donc bien évident que Bayle a regardé ce *Trois-Echelles* comme vrai Sorcier, & il n'est pas fort étonnant que l'Auteur de l'article *Sorcier de l'Encyclopédie* se le soit aussi persuadé, ni qu'il ait prêté ce mot à Bayle. Surquoi, Monsieur, je vous prie d'observer que réellement, selon les Historiens, cet homme fut supplicié en 1571, trois ans après qu'on lui eut fait grace, & que, quoiqu'il n'ait fait que ce qu'on nommeroit aujourd'hui, *des expériences physiques,* Bayle lui donne le beau nom de *coquin & scélérat,* circonstance remarquable.

Mais ce n'est pas tout. Vous dites, Monsieur, je le repete, que *Bayle a eu la foiblesse de dire un mot* dont on pourroit conclure qu'il croyoit aux Sorciers Passons. il ne l'a pas dit *ce mot,* il n'a pas cru, si vous voulez, que ce *Trois-Echelles* étoit Sorcier, ou avoit commerce avec les Démons, mais il l'a cru de plusieurs autres;

voici bien d'autres mots dont on conclura sûrement qu'il croyoit aux Sorciers, voici par conséquent bien d'autres *foiblesses*.

Lisez, chap. 38. p. 573, même vol. titre du chap. *Réfutation de ceux qui disent que la magie n'a jamais été que le partage de quelques esprits grossiers & de la lie du Peuple.*

« Il est naturel, ajoute *Bayle*, que je me
» souvienne ici d'une lettre, où vous m'avez
» parlé de deux ou trois *esprits forts*, qui vous
» ont dit plusieurs fois que, pour *nier l'existence*
» *de la magie*, on n'a besoin que de la preuve
» qui se peut tirer de la condition misérable de
» ceux qui ont été accusés de se mêler de cet
» art, gens élevés parmi les moutons ; vous
» disoient-ils, grossiers, stupides, montagnards,
» quelques femmes de la lie du peuple, laides à
» faire peur, qui à peine ont de quoi vivre. Quelle
» apparence que le démon ne se fût jamais com-
» muniqué qu'à de telles gens & qu'il n'eut pas
» enrichi quelques-uns de ses sectateurs, pour
» donner envie à plusieurs autres personnes de
» se consacrer à son service ? Il vous sera bien
» aisé, Monsieur, de réfuter cette prétendue
» preuve dont ces Messieurs font tant de cas ».
Notez, que *Bayle* appelle *esprits forts* ceux qui *nient l'existence de la magie*, qu'il les combat.

Puis, même Chap. p. 575, pour continuer sa réfutation, « il y eut en même temps deux grands

» Seigneurs, l'un en *France*, l'autre en *Espagne*,
» au 15ᵉ siecle, qui furent fort adonnés à la
» magie. L'Espagnol étoit Marquis de *Villena* »
Bayle renvoie pour ce qui le concerne à son
Dictionnaire Historique. « Le François étoit *Gilles*
» *de Laval*, Seigneur & Baron de *Retz* ».
Bayle rapporte son Histoire, son supplice, le
nom de ses juges, d'autres circonstances de son
procès, qu'il tire toutes des Historiens de ce
temps-là, & sur ce que, « *Baptiste Fulgose*....
» veut que *Charles VII*, en faisant pendre &
» brûler ce Prince, ait commis une action tout-
» à-fait cruelle..... Est-ce avoir du jugement,
» s'écrie *Bayle*, p. 576, que de mettre le sup-
» plice d'un tel Magicien dans le Recueil des
» plus effroyables cruautés que l'on trouve dans
» l'Histoire » ?

Monstrelet raconte que ce Maréchal de France
avoit fait mourir par maléfices, suivant son aveu
& pour les sacrifier au Diable, 160 personnes ;
Fulgose avoit dit 120, *Bodin* 8, *sur intention
de parvenir à aucunes Hautesses & Chevances &
aussi honneurs désordonnés* : là-dessus *Bayle*,
« voila un Historien fort blamable, il amplifie
» plus que *Fulgose*, il compte selon les bruits
» populaires, & il n'auroit dû se fier qu'aux actes
» même du procès. Si le Maréchal avoit avoué le
» meurtre de plus de 160 personnes, *Bodin* ne
» se seroit pas borné au nombre de 8 ». *Bayle*
regarde donc, soit dit en passant, les pieces

d'un procès en cette matiere, comme des pieces dignes de foi, il a donc reconnu d'autres *Sorciers* que *Trois-Echelles*, ou plutôt, s'il n'a pas reconnu celui-ci pour *Sorcier*, il en est un autre bien certainement qu'il reconnoît pour tel, c'est le Maréchal *de Retz*; mais voici d'autres *foiblesses*.

Je vous ai fait observer, Monsieur, que *Bayle* appelle *esprits forts* ceux qui *tiennent l'existence de la magie*. Seize Chapitres après, dans le 56.ᵉ, p. 604, il répete la même chose & en dit de plus fortes.

« *Pierre Ayrauld*, qui a fleuri sous le regne de
» *Henri III*, observe que la Secte des Magiciens
» ou des Sorciers subsistoit encore, mais qu'elle
» n'étoit plus composée...... de gens de condition
» & qu'elle étoit devenue le partage des paysans &
» des ignorans. Vous me demandez si j'ai fait
» quelque attention à ses paroles, quand j'ai
» refuté ce que vous aviez oui dire à des *esprits*
» *forts*. Je vous entends, Monsieur, vous croyez
» que ce passage m'est contraire : mais vous en
» jugerez autrement, si vous vous donnez la peine
» d'y regarder de plus près. La proposition que
» j'ai réfutée par des faits incontestables » (*Observez, Monsieur, qu'un de ces faits incontestables est celui du Maréchal de Retz*) « concerne tous
» les temps & tous les lieux : mais ce que dit
» *Pierre Ayrauld* ne concerne que la France
» sous le regne de *Henri III*. Il pourroit donc avoir

» raison, sans que mes preuves en souffrissent le
» moins du monde. Outre cela, vous devez con-
» sidérer qu'il y a une grande différence entre
» ceux qui sont Sorciers & ceux qui se servent des
» Sorciers. Une infinité de personnes de qualité
» ou de condition ne voudroient pour rien du
» monde faire un pacte avec le diable, mais elles
» ne se font point un scrupule de consulter les
» Magiciens, soit pour apprendre l'avenir, soit
» pour acheter un sort qui les aide à contenter
» leur ambition, leur vengeance, leurs amours,
» leurs jalousies, &c..... Or, pour réfuter vos
» *esprits forts*, il me suffit que des personnes
» distinguées par leur naissance, ou par leur for-
» tune, (p. 603) ou par leur habileté recourent
» à l'art magique, sans en faire profession &
» sans contracter nul engagement immédiat avec
» le diable.... Quoi qu'il en soit, la crédulité & la
» curiosité pour la magie n'étoit pas alors une chose
» rare parmi les Grands du Royaume. Je vous
» l'ai prouvé ailleurs, & cela fait que je ne vous
» alleguerai ici qu'un exemple, mais qui est
» d'une grande force & du temps de *Pierre*
» *Ayrauld* ».

Cet exemple cité par *Bayle* est celui du Duc *de Biron*, qui fut condamné sous *Henri IV*, pour avoir eu part à un complot. *Or, il con-sultoit*, dit *Bayle*, *les Sorciers les plus fameux, un Labrosse, un César, tenus à Paris pour Magiciens, principalement un Lasin, Sorcier*

Lettre seconde. 33

exécrable suivant *Matthieu* & suivant *d'Aubigné*.

Bayle met donc, Monsieur, une grande différence entre les vrais Sorciers & ceux qui ne savent que se servir d'eux. Il y a donc, selon lui, sur cet objet *des faits incontestables*; il a donc cru qu'il pouvoit y avoir de *vrais Sorciers*.

Autre *foiblesse*, mais *foiblesse* raisonnée, réfléchie, si je puis ainsi parler, & qui n'en est que plus incurable, plus invincible, *foiblesse* qui fait trembler pour *Bayle*, c'est le Chap. 35, p. 562. *Si l'on doit punir ceux qui se servent de ce qu'on appelle enchantemens*.

« N'en doutez point, vous répondrai-je, &
» pour vous développer & vous prouver ma ré-
» ponse, j'entrerai ainsi en raisonnement. Ces
» gens-là sont ou de véritables Sorciers, ou des
» Sorciers imaginaires, ou bien ils n'ajoutent au-
» cune foi aux sorcelleries.

» S'ils sont de véritables Sorciers, c'est-à-
» dire, s'ils ont fait réellement un pacte avec
» le démon pour se donner à lui, & pour sti-
» puler qu'il emploira sa puissance à satisfaire
» leurs Passions, » (*ici, Monsieur, Bayle vous apprend le secret de l'initiation, secret que vous ne croirez point, mais qui n'en est pas moins réel.*)
« Ils sont dignes, *ipso facto*, du dernier supplice;
» car il n'y a point de méchanceté qui soit égale
» à la leur. Ils savent que le démon est la

B 5

» plus maudite de toutes les créatures, qu'il
» est l'ennemi de Dieu & du genre humain, &
» ils lui consacrent leur corps & leur ame, qui,
» de leur propre aveu, appartiennent au Créateur
» de toutes choses, au principe de tout bien, au
» souverain Etre. Les tolérans les plus outrés ne
» peuvent rien dire en faveur d'un tel Sorcier,
» impie jusqu'au plus haut comble matériellement
» & formellement, au lieu que les Hérétiques les
» plus impies matériellement, ne sont pas même
» hétérodoxes formellement : je veux dire qu'ils
» ne croyent pas s'écarter de la vérité le moins
» du monde, (p. 363) & qu'ils ne soutiennent
» leurs hérésies que parce qu'elles leur paroissent
» véritables. Ils suivent les lumieres de leur con-
» science & voilà pourquoi les Tolérans disent
» qu'on ne doit pas les punir : mais les Sorciers
» péchent contre leur conscience, ils renoncent
» volontairement & sciemment au service du vrai
» Dieu & s'enrôlent dans le service du plus
» méchant de tous les êtres qu'ils reconnoissent
» pour tel.

» Quant aux Sorciers imaginaires, je veux dire
» ceux qui n'ayant point contracté effectivement
» avec le diable, croyent neanmoins avoir traité
» avec lui, je les trouve aussi coupables & aussi
» punissables que les vrais Sorciers. La malice &
» l'impiété formelle des uns sont aussi grandes
» que celle des autres ; car d'où vient, je
» vous prie, la persuasion des Sorciers imagi-
» naires » ?

Lettre seconde.

Bayle donne tout de suite la raison de ce sentiment, c'est que, dit-il, ils ont eu *autant de dessein & autant de volonté* que les vrais Sorciers, ou *que ceux qui auroient la réalité de toutes ces choses.*

Après il ajoute : « Quand je dis que ces gens-
» là sont punissables, j'entends qu'ils le sont au
» jugement même des Magistrats qui ne croiroient
» aucune sorte de sorcellerie. Je prétends que
» *Spinosa* même, qui ne croyoit ni dieu, ni diable,
» n'auroit pû se bien acquitter de la qualité de
» Juge dans un procès de magie, sans faire punir
» ceux qui sont persuadés qu'ils ont fait un pacte
» avec le démon & qu'ils l'adorent aux assemblées
» du sabat ».

. . . .
. . . .

« Vous m'allez dire que des gens qui croyent
» aller au sabat, ne doivent être considérés que
» comme des fous ou des visionnaires, qu'il faut
» plutôt recommander aux Médecins que de les
» poursuivre en Justice : mais je vous réponds,
» qu'ordinairement parlant, ces gens-là ne don-
» nent aucune marque d'imbécillité d'esprit. Ils ne
» sont pas moins industrieux, ni moins appliqués
» aux affaires de leur famille, que les autres
» hommes, & quelquefois même ils sont les
» plus fins matois & les plus enclins à faire du

» mal ». C'est toujours Bayle qui parle, même chap.

. . . .

(P. 564). " De prétendre que leur opiniâtreté
» à vouloir entretenir ce commerce est une maladie
» d'esprit, ce seroit vouloir soustraire aux mains
» du bourreau tous les scélérats qui persistent à
» vouloir commettre des brigandages, après même
» qu'ils ont été châtiés ou de la peine du fouet,
» ou de celle du fer chaud. Qui m'empêcheroit
» de vous objecter que cette incurable obstination
» est une imbécillité d'esprit & une folie de vi-
» sionnaire » ?

. . . .

« Il y a une autre raison très-considérable qui
» rend dignes de châtiment ceux qui croyent être
» Sorciers. Cette raison est fondée sur l'engage-
» ment où ils se trouvent à commettre toutes
» sortes d'abominations. Ils sont hommes-liges de
» satan, ils lui vouent une obéissance sans ré-
» serve, & s'imaginent qu'afin de se maintenir
» dans ses bonnes graces », (*suite du secret*)
» il n'est rien tel que de faire mille crimes, de
» profaner les choses saintes, d'ôter la vie à des
» enfans, d'empoisonner ses amis, de jetter la
» mortalité sur les bestiaux, d'employer des
» charmes pour inspirer de la haine, ou un amour
» impudique, pour causer des maladies, pour

» troubler l'œuvre du mariage, œuvre si né-
» cessaire au repos & à la conservation des
» familles, ils deviennent la terreur de la Pa-
» roisse »......

« Voilà donc des pestes publiques qu'il semble
» que l'on ne sauroit exterminer trop prompte-
» ment : le bien de la société, le repos des par-
» ticuliers le demandent. Voyez, dit *Bayle*,
» M. *Amelot de la Houssaie*, notes sur le deu-
» xieme Livre des Annales de *Tacite* ».

Quelles nouveautés, Monsieur, pour un siecle comme le nôtre ! quelles *foiblesses* ! Mais, c'est assez, je vous effrayerois réellement, si je vous les montrois toutes. On peut défier les plus hardis de trouver dans aucun des Ouvrages de *Bayle*, spécialement dans ses *Rép. aux quest. d'un Prov.* où il traite la matiere de la sorcellerie en plus de douze Chapitres, de trouver, dis-je, une phrase, une ligne qui prouve qu'il révoquât en doute la communication de certains hommes avec les démons, ou qu'il l'envisageât comme un art im-
possible ou chimérique. Tout prouve au contraire qu'il y a cru, qu'il l'a regardée comme très-réelle & son scepticisme se réduit à disputer sur plusieurs effets qu'on lui attribue.

Dans son *Dictionnaire Historique & Critique*, à l'Article *Grandier*, quoiqu'il imite le Huguenot *Saint-Aubin*, qui dans son *Histoire des Diables* de *Loudun*, Histoire pleine d'impostures (a), prétend que *Grandier* fût calomnié & n'étoit pas réellement Sorcier (a); il n'est cependant pas de l'avis de M. *Ménage*, qui traitoit de chimérique la possession des Religieuses. « On diroit, dit » *Bayle*, que M. *Ménage* a voulu combattre en » général ce qui se dit des Magiciens. Ce seroit » se tirer d'un embarras par un autre. Il est certain » que les Philosophes les plus incrédules & les » plus subtils ne peuvent n'être pas embarrassés » des phenomenes qui regardent la sorcellerie ». Cela est positif; or, je vous le demande, Monsieur, si *Bayle* eut regardé la sorcellerie comme une chimere, s'en seroit-il embarrassé ? puisqu'il en traite, *ex professo*, dans douze très-longs Chapitres, ne l'eut-il pas détruite, lui qui ne respecte

---

(a) *Grandier* fut supplicié en 1634. Soixante ans après, *Saint-Aubin* fit le Livre que l'on cite. Il est victorieusement réfuté dans un vol. in-12 imprimé chez *Debure* en 1747. & quiconque lira ce volume s'inscrira infailliblement en faux contre toutes les pieces produites ou non produites qu'on voudroit alléguer pour justifier *Grandier*.

(b) *Bayle* n'est pas le seul qui, dans ce qu'il dit sur *Grandier*, ait suivi *Saint-Aubin*. *Gayot de Pitaval* a pris aussi celui-ci pour guide. L'impartial M. *Richer*, nouvel Auteur des *Causes célebres*, dans cette même affaire, s'est moulé sur *Gayot*. C'est ainsi que l'on est trompé; que d'une source impure il sort toujours des ruisseaux corrompus.

rien ? ne se fût-il pas fait gloire de détromper les hommes ?

Et dans ce même *Dictionnaire*, à l'article *Galigaï*, femme du Maréchal *d'Ancre*, il rapporte les pieces les plus fortes pour prouver que réellement elle avoit usé de magie ; la belle réponse qu'elle fit à ses Juges, & que tout le monde sait, ne la justifie pas à ses yeux. Et en finissant l'Article *Grandier*, comme s'il avoit envie de revenir sur ses pas & de se rétracter sur le compte de ce malheureux, il dit qu'il vient de lire deux faits bien surprenans, & ces faits, ils les tire du *Journal des Savans*, du mois de *Mai* 1689, par M. *Cousin*. Le premier c'est que Milord *Montaigu* fut si parfaitement convaincu de la possession des Religieuses, qu'il abjura l'hérésie, entretint *Urbain VIII* de cette possession & fit profession de la Foi Catholique entre ses mains. Le deuxieme, c'est que le P. *Surin*, un des exorcistes, ayant consenti devant les démons d'être possédé ou obsédé toute sa vie, à condition de recouvrer une hostie consacrée dont usoient des Magiciens pour leurs maléfices, fut réellement tout le reste de sa vie dans l'un ou l'autre de ces deux états, la condition ayant été remplie.

Tels sont les traits, Monsieur, qui, selon vous, sans doute, mettent au grand jour *la foiblesse de Bayle*. *Bayle* avoit cru aux Sorciers ! vous ne pouvez le comprendre. Mais, selon d'autres, ces traits montrent sa force & la force de ceux qui ont pensé comme lui, & vous savez que ce n'est pas le petit nombre. A votre avis, Monsieur, quel est l'esprit le plus fort, ou celui qui reste dans la petite sphere des choses sensibles, qui ne croit qu'à ce qu'il voit ; ou de celui qui la franchit, qui se porte dans la région des êtres immatériels, étudie dans cette région nullement imaginaire, très subsistante, la nature & les goûts, les inclinations, le pouvoir de ceux qui l'habitent, leurs déportemens & leur conduite, & en fait son profit ? Je crois que vous serez pour celui-ci. Or tel est *Bayle*, tel *Gassendy* (*a*), tel l'illustre *M de Peiresc*, tel *Bossuet*, tel *Mallebranche*, tels sont mille autres qui de nos jours, dans la

―――――――――

(*a*) Selon *Bayle*, chap. 35. des Rép. p. 564. Edit. citée, M. *de Peiresc* (mort à Aix en 1637) *étudia avec tout le soin imaginable l'affaire de Louis Gaufredy*, brûlé à *Aix* comme Sorcier en 1611, & le crut bien Magicien. Il vint cependant ensuite à en douter, mais il ne changea pas pour cela de façon de penser sur la possibilité du commerce de certains hommes avec les démons. Là-dessus *Bayle*, à la même page, fait cette réflexion : " *Gassendi*, ,, ce grand Philosophe si peu crédule, nous apprend cela, ,, & ne dit rien qui fasse paroître qu'il désapprouvât ,, cette pensée de M. de Peiresc ,,. *Gassend. in vitâ Peyreskii. lib.* 2 *sub fin.* Puis le même *Bayle* ajoute : "Vous pouvez lire dans le second Tome du *Mercure Fran-* ,, *çois, l'Histoire de Louis Gaufredy*. Elle est si étrange, ,, qu'on ne la peut lire sans étonnement ,,.

Lettre seconde.

Magistrature ou dans le Clergé (a), ont conservé les vraies lumieres.

Je finis, Monsieur. L'usage que l'on a fait dans l'Article SORCIER de l'Encyclopédie, du sentiment de *Bayle*, selon vous, ne signifie rien, on n'en doit tenir compte.

Il signifie beaucoup. Il prouve évidemment que celui qui le fait cet usage, est un vrai Philosophe qui se soucie peu de l'opinion, pourvu qu'il transmette au genre humain des vérités utiles dont il s'est convaincu & qu'il ne veut point trahir.

Les Philosophes que l'on cite pour la sorcellerie dans la lettre du *Journal Ecclésiastique*, & qui, aux termes du vôtre n'étoient pas des Physiciens, & vivoient dans des siecles d'ignorance, sont entre autres, Messieurs *Barrow*, *Charke* & *Loke*, dont le premier a professé les Mathématiques, a donné une Edition d'*Archimede*, a fait sur la Géometrie & l'Optique les Ouvrages les

---

(a) Nul homme de Robe instruit ne peut nier la réalité de la magie sans couvrir d'opprobre tous les Arrêts de mort, *ad unum*, portés en cette matiere, ainsi que la multitude innombrable des Juges qui de tous temps & chez toutes les Nations, les ont prononcés, ni sans accuser ceux-ci de stupidité ou de méchanceté, accusation absurde, & nul membre du Clergé ne la niera, non plus, avec réflexion, à moins d'aller contre ses lumieres & de paroître au moins très-suspect dans sa foi.

plus estimés, & est mort en 1677 à 47 ans. Les deux autres sont assez connus.

Clarke fut seulement un des premiers & des plus forts Neutoniens ; il a traduit *Rohault* en latin & l'Optique de *Neuton* ; a beaucoup écrit sur la vitesse dans le mouvement des corps, & est mort en 1729 : *Loke* en 1704, deux ans avant *Bayle*. Eh ! qui ignore que *Loke* fut un des plus beaux Génies, qu'il fit pendant plusieurs années une étude particuliere de la Physique & de la méchanique ; & cependant ces hommes-là, qui sûrement pouvoient s'élever contre tout ce qui a rapport à la foi, puisqu'ils ont vécu & sont morts dans le Protestantisme, ont cru aux Sorciers.

On vous accordera, Monsieur, si vous voulez, que les autres cités pour le même sentiment, non par l'Auteur de la Lettre du *Journal Ecclésiastique*, ayez la bonté d'y faire attention, mais par l'Encyclopediste, savoir, MM. *Tillerson, Stillingfleet, Jenkin, Prideaux, Vossius*, n'étoient pas Physiciens de profession, mais c'étoient des Savans & leurs connoissances en d'autres genres, en *Théologie*, par exemple, excluoient-elles les connoissances physiques, & vivoient-ils dans des siecles d'ignorance ? Tous, comme on sait, étoient du siecle dernier, & comment n'avez-vous pas vu que la Lettre du Journal Ecclésiastique l'observe formellement ?

Quant à ce que vous dites que *des fripons adroits sont parvenus autrefois à se faire brûler* comme *Sorciers*, il est certain que jamais vous ne prouverez votre dire. On a pu soupçonner & accuser de magie quelques hommes versés en Physique, & se servant de leurs connoissances pour des opérations extraordinaires. Le peuple disoit, par exemple, que *Briochet*, l'inventeur des marionettes, étoit Sorcier. Mais il y a loin de l'accusation au supplice. Jamais un homme qui a quelque étude & quelque principe ne se laissa supplicier pour une opération dont il pouvoit rendre compte. Il seroit absurbe de croire le contraire : par exemple, si *Trois-Echelles* n'eut employé que des ressorts physiques, il eut mieux aimé sûrement les montrer, que de se laisser brûler. Il en seroit de même du personnage vivant que vous nommez, il n'auroit pas eu plus à craindre en tout autre siecle qu'en celui-ci. Il eut donné aux Magistrats & aux Savans le mot de ses énigmes très-singulieres, comme il a dû le faire aujourd'hui, & comme cela se pratique en bonne police (*a*), au défaut de quoi il doit être soupçonné.

Enfin, Monsieur, si vous voulez réfuter la petite Lettre du *Journal Ecclésiastique*, car toute légere

---

(*a*) Voyez, Monsieur, le *Traité de la Police* de Delamare. Tom. 1, liv. 3; l'Auteur de l'Article *Sorcier* de l'Encyclopédie vous y renvoie.

Lettre seconde.

qu'elle est, malgré votre attaque elle subsiste ; ou plutôt si vous voulez battre en ruine les grands Hommes qui y sont cités, & que l'on pourroit citer encore pour la réalité de la magie & du commerce avec les démons, il faut quelque chose de plus que des mots, il faut mettre dans votre parti la raison & les choses, & personne mieux que vous ne peut y avoir recours.

Je suis avec respect & la plus parfaite estime,

M.

Votre, &c.
L'*Abbé* FIARD.

A Paris, 1775.

M. l'Abbé Am. *** Auteur du Journal de Verdun jugea à propos de faire imprimer à la suite de la précédente Lettre un fragment d'une de celle attribuée au feu Pape, & écrite en 1750, selon M. de *Caraccioli*, au Cardinal *Crescenci*. Le journaliste, par ce fragment, paroissoit vouloir prouver que le pere *Ganganelli* alors Cordelier ne croyoit pas aux Sorciers. C'est ce qui lui valut la réponse suivante qu'il eût la juste complaisance de publier dans son Journal du mois de Mars 1776. Nous plaçons ici auparavant en entier la Lettre prétendue de *Ganganelli*. C'est la 22me, p. 115 1re édition. Paris chez Lottin.

Lettre seconde.

A M. le Cardinal Crescenci.

Eminentissime,

« Vous avez résolu le cas de conscience comme il doit l'être, d'après l'avis des plus excellents Docteurs, & sur-tout d'après le sentiment de S. Thomas, dont le suffrage est du plus grand poids.

» Le saint Office n'a pas condamné les hommes dont son éminence me parle, comme ayant réellement commerce avec le démon, mais comme abusant des paroles les plus saintes de la messe & des pseaumes, pour faire leurs extravagantes opérations. On sait que les Sorciers d'à présent ne sont pas des agens surnaturels; & que la démonomanie, quoique, selon l'écriture, le démon soit un être très-réel, est presque toujours un effet de la superstition, ou l'ouvrage d'un cerveau troublé.

» Je vous baise les mains avec le plus profond respect, en attendant le moment où nous vous baiserons les pieds, si la prophétie attribuée à S. Philippe de Neri a lieu, comme chacun le publie.

Fr. L. Ganganelli.

A Rome ce 3 Mars 1750.

LETTRE IIIme

Imprimée dans le Journal de Verdun mars 1776.

A l'Auteur du Journal.

VOUS n'avez pas prétendu, Monsieur, sans doute infirmer un dogme incontestable, savoir la possibilité du commerce de certains hommes avec les démons, lorsque vous avez placé dans votre dernier Journal, le sentiment du feu S. Pere à côté de celui de *Bayle* sur les *Sorciers*. On croit bien plus volontiers que vous avez voulu faire une petite satyre de la lettre attribuée au Pere *Ganganelli*, Docteur & Professeur en *Théologie*, montrer qu'il étoit moins orthodoxe que *Bayle*, ou que, comme il le dit à un de ses confreres (page 86 de votre Journal) il avoit dans sa façon de penser la *tournure françoise*.

Si malheureusement cette *tournure* étoit, Monsieur, de fronder les vérités les plus claires, parce qu'elles tiennent à la foi, si cette *tournure* étoit de rejetter des principes qui fondent la sûreté des états, comme ils sont dictés par la Religion ; prétendre prouver que *Clément XIV* ne croyoit pas à la possibilité des *Sorciers*, ce seroit bien certainement lui donner *la tournure françoise*.

Cependant ne manquons pas à notre Patrie. Ce n'est pas dans les propos futiles de certains avantageux, dans les brochures du jour qu'il faut chercher l'esprit françois. Les *de Thou*, les *Daguesseau*, les *Gilbert*, les *Peiresc*, les *Gassendi*, les *Bossuet*, les *Mallebranche*, les *Bayle* l'ont eu, sans doute, cet esprit ; ils ont cru cependant sur les *Sorciers* ce qu'ils devoient croire, qu'il y en avoit eu, qu'il pouvoit y en avoir. Ne faisons pas non plus injure à la mémoire d'un homme que son merite seul a pu élever au Trône Pontifical.

La Lettre que vous citez, Monsieur, faite, suivant sa date, il y a plus de vingt-cinq ans, ne peut être du Pere *Ganganelli*. C'est avec raison que vous dites que *plusieurs Lecteurs sont inquiets sur l'authenticité de ces Lettres*. Si l'on veut que celle-ci signifie qu'aujourd'hui il ne peut plus y avoir de *Sorciers*, elle n'est pas d'un Théologien. Les petites contradictions qu'elle renferme dans sa brieveté, font voir qu'elle n'est pas même d'un homme conséquent ; ces contradictions doivent la rendre suspecte. Et fut-elle réellement sortie de la plume du Pere *Ganganelli*, fut-elle authentique, elle ne seroit d'aucun poids, elle ne balanceroit pas l'autorité de l'Eglise, de l'Ecriture, des Conciles, des Saints Peres, de la *Faculté de Théologie de Paris*, des prédécesseurs de *Clément*

XIV, notamment d'*Innocent VIII* & de *Benoît XIV*, qui formellement ont décidé plus d'une fois, *que du commerce de certains hommes avec les démons il résultoit souvent des effets* ; elle n'affoiblirois pas même le sentiment des Historiens, des Politiques, des Philosophes, des Législateurs, des Magistrats, qui de tous temps & chez toutes les Nations ont reconnu la même doctrine.

Cette Lettre qui est la 22me du premier vol. pag. 115, dit en termes exprès : « *on sait que les Sorciers d'à présent ne sont pas des agens surnaturels & que la démonomanie, quoique, selon l'Ecriture, le Démon soit un être très-réel, est un effet de la superstition ou l'ouvrage d'un cerveau troublé* ».

Un docteur judicieux, Monsieur, ne peut avancer cette proposition. Elle est mal conçue, hazardée, peu réfléchie, elle se contredit. S'il y a eu des Sorciers, il peut y en avoir. S'il y en a eu autrefois, (l'Auteur de la Lettre semble l'avouer) qui pourra prouver qu'il n'y en ait pas *à présent*? & qui peut *savoir*, supposé qu'il y en ait, dès qu'ils ne sont pas connus, si leur commerce avec le Démon est réel, ou s'il est l'ouvrage d'un cerveau troublé? Il peut être l'un ou l'autre, *Bayle* le dit, personne ne peut le nier ; l'examen seul pourroit apprendre ce qu'il est, & en faire faire le discernement ; mais le *Sorcier* vrai ou imaginaire restant inconnu, se plongeant dans les ténèbres, est par-là souftrait à l'examen. Donc perfonne ne peut favoir s'il eft vraiment *Sorcier*, ou s'il n'a que la manie de fe croire tel. La propofition attribuée au P. *Ganganelli* n'eft donc pas d'un homme inftruit & judicieux, elle n'eft pas de ce Docteur.

Quant à ce que la Lettre porte que *le S. Office avoit condamné certains hommes, non pas comme ayant réellement commerce avec le démon; mais comme abufant des paroles les plus faintes de la Meffe & des Pfeaumes, pour faire leurs extravagantes opérations*, ce texte n'exclut pas ni ne peut exclure la poffibilité de ce commerce : il dit feulement que les hommes condamnés par le *S. Office*, accufés, fuivant toute apparence, de magie & de fortilége, ne furent trouvés coupables, que de profanations, ce qui eft fort dans l'ordre des chofes poffibles : mais *le S. Office* n'a pû entendre ni prononcer que des hommes ne peuvent avoir avec *le démon* une communication réelle. Jamais *Rome* ne tombera dans cette erreur.

Otez donc, Monfieur, cette Lettre à *Clément XIV*. Vous lui en ôteriez d'autres encore, fans pour cela diminuer fa gloire, fi vous les approchiez toutes du flambeau d'une critique exacte. Pourquoi charger d'ornemens étrangers un homme qui a chez lui plus qu'il ne faut pour attirer les regards ? Quand les Lettres attribuées au feu S. Pere, auroient vraiment *la tournure Françoife*, il n'en

C

auroit pas besoin pour se parer. Quelques-unes pourroient le déparer au contraire.... Il a sans elles de quoi figurer avec éclat dans la liste des successeurs de S. Pierre.

Je vous prie d'observer, Monsieur, en finissant, que si par le mot de *démonomanie*, vous voulez que vos Lecteurs entendent *la croyance aux Sorciers*, & qu'ils regardent comme *superstitieux & cerveaux troublés*, ceux qui l'ont cette croyance ; alors ces qualifications tombent sur *Bayle*, *Loke*, *Bossuet*, *Mallebranche*, l'*Auteur* de l'Article *Sorcier* de l'*Encyclopédie*, & sur tous autres savans que j'ai nommés dans ma Lettre, & ce trait est plaisant.

Je suis, &c.

L'Abbé FIARD.

A Paris, 25 *Février* 1776.

Lettre troisieme.

La Lettre suivante, dès son commencement, apprend pourquoi elle a été écrite.

M. Cast *** de Toulouse a donné au public pendant plusieurs années une feuille intitulée *le Spectateur*. Il donnoit en même temps d'autres ouvrages périodiques estimables & estimés. C'est à lui que M. l'Abbé F*** répond, ainsi qu'à sa feuille N°. 3, Tom. 3, 1775, page 145. Ils avoient eu réellement ensemble plusieurs entretiens sur le diable & ses suppôts, mais entretiens bien différens de ceux qu'a imprimés M. C*** dans son *Spectateur*.

LETTRE IVme
AU SPECTATEUR.

O cæcas hominum mentes & inania corda!

PERMETTEZ-moi, M. le Spectateur, quoiqu'il soit un peu tard, de m'acquiter d'une dette. Vous connoissez le proverbe, *mieux vaut tard que jamais*. Dans cette épître, toute philosophique qu'elle doit être, je ne crains pas de l'employer. Eh ! pourquoi ne l'emploîrois je pas ? de nos jours, vous le savez, on a tiré de leur obscurité ces mots inventés, ce semble, uniquement pour le peuple : on les a mis en spectacle, on en a fait de beaux drames, c'est les avoir ennoblis sans doute, c'est les avoir élevés à la dignité des plus pompeuses maximes, des maximes *du lycée*. Quand il faut faire le bien, & c'est ce qu'en bon philosophe je prétends faire, l'on peut donc, sans offenser le bon goût, mettre en avant un proverbe & il est beau de dire, convenez-en avec moi, *mieux vaut tard que jamais*. Mais ne nous écartons point.

Sur la fin de l'année derniere (1775) vous avez voulu égayer, ou bien voulûtes-vous éclairer vos lecteurs sur un sujet que vous qualifiâtes d'étrange, sur le sujet des *Sorciers* ? moi qui suis spectateur aussi, je crois que vous n'avez fait ni l'un ni l'autre. Un *spectateur* cependant, un spectateur *Auteur* doit au moins éclairer, c'est-là sa tâche, tâche noble, digne d'une ame courageuse, vous vous l'êtes imposée; en vrai philosophe vous savez l'apprécier, mais je le répete, dans le sujet dont il s'agit, vous ne l'avez pas remplie.

Eh quoi, Monsieur, un homme que vous connoissez, dites-vous dans votre *feuille*, vous fait part d'une lettre sur l'objet le plus grave, lettre adressée au corps le plus respectable, *aux Evêques de l'Assemblée générale du Clergé*; il y avance qu'un des plus énormes crimes qui se puissent commettre, crime à l'extirpation duquel tout ce qui respire est intéressé, crime reconnu, avoué, quant à sa réalité, par tout ce qu'il y eût jamais au monde d'hommes instruits, Législateurs, Jurisconsultes, Théologiens, Magistrats, Médecins, Physiciens, même de notre siecle, il y avance, dis-je, que ce crime est aujourd'hui subsistant dans l'Etat; il s'appuie sur des faits que vous ne pouvez contester, qui demandent au moins d'être discutés, examinés, & cette lettre que dans le particulier vous approuvez, que vous trouvez raisonnée, vous la défigurez en la publiant, vous la rendez méconnoissable, (remarquez que je ne vous avois pas du tout prié de la rendre publique) ou plutôt, vous lui en substituez une autre qui ne peut paroître que ridicule, & vous dites expressément à vos lecteurs que vous n'y changez rien. Est-ce là, je vous le demande, la maniere philosophique ? Est ce ce que vous appelez lumieres, bonne foi, courage ? ou, n'est-ce pas ici le cas d'appliquer ce vers que j'ai pris pour épigraphe ?

O cæcas hominum mentes & inania corda !

Quel motif en effet, Monsieur, vous a poussé à cette conduite mensongere, à ce procédé frauduleux ? est-ce que vous ne croyez pas aux *Sorciers* ? est-ce que, quoique vous y croyiez, vous n'osez vous déclarer ? Si l'incrédulité seule a dirigé votre marche, pardonnez-moi, mais en vous adressant la parole, je ne puis m'empêcher de m'écrier, *o cæcas mentes !* Si le malheureux respect humain vous a guidé, pardonnez-moi encore, je recours au second hemistiche & je m'écrie, *O inania corda!*

Comment, Monsieur, une doctrine fondée sur la raison, sur l'expérience, sur la Religion, une doctrine qu'ont soutenue, à laquelle se sont rendus des Philosophes, des Académiciens, des Encyclopédistes, des Protestans, *Bayle, Guy Patin, Clark, Lock, Gassendi, Mallebranche, Fontenelle,* & l'Auteur de l'article *Sorcier* de l'*Encyclopédie ;* une doctrine appuyée sur des faits incontestables le fait de *Trois-Echelles,* le fait de *Gaufredy,* le fait de *Grandier*, oui de *Grandier* (a), quoiqu'on en dise ; les faits moins anciens, puisqu'ils sont de la fin du dernier siecle, faits consignés dans *le traité de la Police de Delamarre*, ceux moins anciens encore que le celebre Médecin *Hoffman*, dans son traité *de potestate dæmonum in corpora*, (du pouvoir des démons sur les corps,) a rendus publics en 1736, une doctrine de cette nature publiée par des génies, par un *Richelieu*, un *Bossuet*, un *Fénélon* ; une doctrine enfin à laquelle l'incrédulité, les découvertes modernes n'opposeront jamais rien de raisonnable, une pareille doctrine vous semble absurde, vous refusez de l'adopter, vous ne pouvez pas y croire, *ô mentes !*

Mais non, je me trompe, supposons que vous avez assez de pénétration pour croire possible le commerce de certains hommes avec les démons, assez de savoir pour le regarder comme démontré ; un seul point vous arrête, vous n'osez vous déclarer. Le vain persiflage de nos légers petits-maîtres, la censure, les sottes railleries, les ris moqueurs de nos superficiels vous effraient, vous craignez le ridicule, *ô corda !* ô belle, incomparable fille du ciel, ravissante Philosophie ! sont-ce donc là tes preux ? sont-ce là tes chevaliers ? en effet, Monsieur, raisonnons.

Naturellement l'homme est ami de l'homme.

(a) Voyez Lettre seconde de la note au bas de la page 35, & à la fin de la Lettre suivante.

Que soumis au pere commun, & c'est son intérêt, il cueille durant les jours de son pélérinage les biens que la terre lui offre fort au-delà de ses besoins, aussitôt on le verra rechercher son semblable, ils s'approchent, ils s'embrassent, la joie pure, l'innocent plaisir les accompagnent, une communication nécessaire vient resserrer leurs liens, ils se garderont bien l'un & l'autre d'interrompre leur bonheur, de se désunir. Si donc cette heureuse paix dont ils jouissoient vient à être troublée, si les doux nœuds qui les serroient sont rompus, quelqu'être jaloux a fait cet ouvrage ; mais c'est un être étranger à leur nature, ce n'est point un frere, c'est un ennemi.

Or, Monsieur, s'il est vrai que passager sur la terre, l'homme ait sur sa route des ennemis autres que ses semblables, s'il en a de puissans, d'intéressés à le détruire, d'acharnés à sa perte, s'ils sont pour lui d'autant plus redoutables qu'ils s'enveloppent de ténebres, s'il n'a de force contr'eux que lorsqu'il s'en défie ; si, pour les mettre en fuite, il suffit d'un de ses regards, & que son œil perce le nuage, n'est-il pas absolument essentiel à son repos, à sa sûreté de le lui dire ? Ce service ne vaut-il pas le sacrifice de toutes les petites considérations humaines, d'une frêle réputation, d'un faux point d'honneur? Y a-t-il beaucoup de philosophie à ne pas oser le rendre ? est-ce là mériter la reconnoissance de ses contemporains ? est-ce être utile ? ou plutôt, le silence alors n'est-il pas lâcheté, trahison ? que seroit-ce, si, loin de le rompre ce silence meurtrier, on cherchoit à rassurer l'homme, à lui ôter jusqu'à une salutaire défiance, si on vouloit lui persuader qu'il n'a point d'ennemis, ou, qu'il n'en a d'autres que les compagnons de son voyage ? seroit-ce là simplement trahison ? ah ! ce seroit p... , ce seroit barbarie, scélératesse... Ce seroit se joindre aux tygres qui l'égorgent, & voilà, Monsieur, votre philosophie, ou la philosophie de ceux qui connoissant la fureur des démons contre l'homme, n'osent la lui révéler !

Oui, Monsieur, rien n'est plus vrai. L'homme n'est pas seul sur ce globe que vous nommez la Terre. Dieu pour accroître son mérite, pour mettre à l'épreuve sa fidélité, a voulu qu'il fût assailli de légions sans nombre d'esprit méchans. Il a, dans ces êtres rébelles, de formidables adversaires, ils ont juré sa perte, ils le traversent, ils le tourmentent. Par de trompeuses amorces & pour mieux cacher leurs noirs complots, ils séduisent quelques-uns de ceux qui marchent avec lui ; pour ces apostats ils se dévoilent, dans des horreurs nocturnes le commerce entr'eux s'établit, ils leur inspirent la rage qui les possede, ils s'arrogent leurs hommages, ils leur font part d'un exécrable pouvoir. Ce sont les monstres dont il s'agit ici, c'est ce que toutes les nations ont appelé, *Sorciers*, *Magiciens*, chacune suivant son idiome ; race dégradée, qui, par son union intime avec les démons & en se livrant à eux, a en quelque sorte changé de nature, race dont les rejettons maudits réunissent en une seule personne la nature diabolique à la nature humaine, race malheureusement trop réelle. C'est en se couvrant de la peau de ces lions rugissans, en les lançant sur l'homme, que le démon lui fait sentir ses funestes avantages & multiplie ses affreux triomphes. Commettez, je le veux, l'homme avec l'homme, armez les freres contre les freres, divisez les humains. Dans les deux partis les forces sont égales, ils se maintiendront toujours dans un juste équilibre, le résultat sera la paix. Mais, & ce que je vais dire n'est pas un mensonge, c'est la trop fidele histoire de ce point de la durée qu'on appelle *le temps*. Joignez un seul démon à un seul homme, opposez-les à toute l'armée humaine ; que sera-ce, si à plusieurs hommes vous unissez des troupes de démons ? alors, si le ciel ne donne son secours, s'il laisse à leur implacable haine un libre essor, toute l'armée humaine est mise eu piéce ; l'univers incendié va retomber dans le chaos ou rentrer au néant.

Voilà, Monsieur, des vérités qu'il faut inculquer à l'homme jusqu'à la satiété, & sans craindre de déplaire. S'il se roidit contre elles, s'il repousse obstinément la main charitable qui veut l'en nourrir, c'est un malade dans le transport & frappé d'aveuglement, c'est un frénétique qui ne connoît pas ses intérêts. Le philosophe son

Lettre quatrieme.

ami courageux ne s'effraie pas de la résistance, il persiste, il presse ; au délire, c'est la raison qu'il oppose, il opere le bien malgré les mépris.

Mais descendons à quelques détails. Voyons rapidement, Monsieur, les deux entretiens que vous feignez avoir eû avec moi sur *les Sorciers*, p. 162 et 179 de votre feuille N°. 3. C'est ici que je vais vous montrer de nouveau ou vos erreurs, ou votre peu de courage, & combien vient à propos ce mot qu'un bon génie m'a suggeré.

O cæcas hominum mentes & inania corda !

Pour régaler vos lecteurs d'une petite scene comique, vous me faites interrompre brusquement le premier de ces entretiens & courir à une farce que vous peignez fort joliment p. 181. & qui, dites-vous, se jouoit dans la boutique d'un luthier de la *rue S. Honoré*.

J'ai oui dire, ainsi que vous, Monsieur, que cette farce s'étoit jouée, il y a peu d'années, je ne l'ai pas vue (*a*).

Mais supposons-la exactement exécutée aux mêmes termes & de la même maniere que vous la racontez..... vous allez me dire sans doute que de cette maniere vous la croyez impossible & conséquemment fausse, que vous vous êtes amusé à la décrire, que vous ne daignez pas vous en occuper

---

(1) Que le lecteur se rappele que ceci fut écrit en 1776.

davantage, ou que vous ne vous en occuperiez que pour la tourner en ridicule de plus en plus.... Vous m'en direz autant sur mille autres faits de même nature, c'est-à-dire, paroissant extraordinaires, qui s'operent journellement dans Paris, & que nombre de gens bien *oculés* attestent avoir vûs.... « Ces faits sont naturellement ou phy-
» siquement impossibles; donc ils ne peuvent être,
» donc ils sont faux, donc vous ne voudriez pas
» même qu'en votre présence on en établit la
» supposition ». Voilà votre langage, c'est ainsi que vous raisonnez.

Votre sphere paroît étroite, M. le Spectateur, votre vue peu étendue, vos conclusions ne sont pas justes, jamais vous n'agrandirez le cercle des lumieres de l'espece humaine, ou n'en allongerez de beaucoup les rayons.

Et sur quoi donc vous fondez-vous, Monsieur, pour prononcer que ce qui est naturellement, physiquement impossible, l'est à tous égards & sans exception, & conséquemment ne peut avoir lieu? n'est-il donc point d'êtres autres que Dieu, qui aient sur la nature, sur les ressorts qui la meuvent, un pouvoir bien supérieur à celui de l'homme, point d'êtres qui connoissent mieux que l'homme l'essence de la matiere, qui la pénétrent plus parfaitement, qui agissent plus sûrement & plus puissamment sur les diverses parties dont elle est composée, quelque tenues, quelque minces, quelque déliées, quelqu'imperceptibles qu'on les suppose, quelqu'inaccessibles qu'elles soient à nos sens, ou aux instrumens que notre adresse emploie pour les transformer, les diviser ?

Si vous avouez qu'il est des êtres de cette sorte & il ne me seroit pas difficile de vous forcer à cet aveu, quand vous le refuseriez, encore une fois d'où concluez-vous qu'un fait naturellement impossible l'est absolument, & qu'on ne doit pas même en admettre l'hypothese ?.... En un mot, si vous prétendez, Monsieur, qu'on doit nier opiniâtrément l'existence de tout *fait* non naturel, uniquement parce qu'il n'est pas naturel, que, par exemple, il seroit *fou* de croire à ce qu'on a dit s'être passé dans la boutique du *Luthier*, ou à tous autres *faits* merveilleux, parce que la chose physiquement est impossible, & quoique nombre de gens très-instruits aient attesté les avoir bien vû ces *faits*, en ce cas, je le répete, vous êtes placé dans une sphere étroite : jamais vous ne rendrez au genre humain le service important de prolonger sa portée, d'aggrandir ses lumieres.

Je pense bien différemment, Monsieur, je ne prétends pas qu'il faille aisément croire ; mais voici le point essentiel où je voulois en venir ; je soutiens que pour le bien, pour l'instruction de la société, il faut, loin de s'étourdir sur leur réalité, les examiner de très-près ces faits que l'on pourroit juger sur les apparences, n'être pas naturels, qu'il faut voir si en effet ils le sont, ou ne le sont pas, s'ils viennent de la nature ou de l'art, ou de Dieu, ou du Démon ; que c'est en quoi consiste *la bonne philosophie*, puisqu'enfin, & qui le sait mieux que vous, Monsieur le Spectateur, elle n'est autre chose que la recherche & l'amour de la vérité. Mais c'est alors qu'il faut se conduire avec soin, attention, diligence, employer des hommes sages, judicieux, éclairés, adroits, sans passion, sans partialité.

Et c'est à ce propos, Monsieur, que je vais vous rapporter quelques passages d'une des meilleures lettres de *Nicole*, c'est la 45.me ; méditez-les.

Il faut, dit ce Philosophe chrétien, cet homme qu'on n'accusa jamais d'être un esprit médiocre, un petit génie, « il faut vérifier, au-
» tant que l'on peut, les choses extraordinaires
» & miraculeuses.....

« Il faut avoir un soin extraordinaire de les
» bien établir. Car quand on les néglige, c'en
» est fait....

« Il y a dans les hommes une négligence extrême
» à donner à la vérité, l'autorité qu'elle doit avoir.

« Si on n'examine aucune des choses extra-
» ordinaires que Dieu fait en ce temps, & qu'il
» fait sans doute à dessein qu'elles soient utiles,
» elles sont toutes inutiles, non-seulement aux
» gens de bien, mais à toutes les personnes sen-
» sées....

« Il faut regarder le général de l'église & toute
» la postérité, & les petits inconvéniens particu-

» liers paroissent peu de chose, quand on est
» occupé de ces vues plus étendues. Faute d'avoir
» ces vues générales, on laisse perdre & dissi-
» per pour l'église, tout ce que Dieu y a fait,
» toutes les marques de sa présence dans le
» monde & dans l'église.

« La vérité est que ces inconvéniens sont assez
» rares, & qu'on n'a pas tant de sujet de les
» appréhender....

« Ceux à qui l'on rapporte ces sortes de *faits*
(& remarquez, Monsieur, que *Nicole* parle ici
de *faits* qui peuvent venir ou de Dieu, ou du
Démon, la suite de sa lettre le montre) « ceux
» à qui l'on rapporte ces sortes de *faits* ne les
» méprisent point comme n'étant rien, mais
» comme étant faux, & ils prennent même la
» négligence que l'on a eue à les vérifier,
» comme une marque de fausseté....

« J'aurois crû rendre service à Dieu, en por-
» tant ce fait jusqu'à la derniere évidence....

« Les plus grandes choses du monde devien-
» nent non-seulement inutiles, mais ridicules,
» faute d'être poussées jusqu'à la certitude....

« Une vision prouve peu, quoique vérifiée,
» & un évènement extérieur prouve beaucoup....

« La grande hérésie du monde n'est plus le
» Calvinisme, ni le Luthéranisme, c'est l'Athéisme,
» & il y a de toutes sortes d'athées, de bonne
» foi, de mauvaise foi, de déterminés, de vacil-
» lans & de sensés....

« Les raisons spéculatives peuvent peu sur l'esprit de ces gens-là, elles n'y font qu'une impression sombre.....

« Que gagnera-t-on, me direz vous quand on aura prouvé que ce *fait* est vrai ? Vous gagnerez tout, car vous les forcerez de conclure qu'il y a un Dieu & un Diable & c'est tout ce qu'ils ne croient pas.

« Et la chose bien vérifiée prouve Dieu & le Diable, c'est-à-dire, toute la religion...

Tel est, Monsieur, l'avis de *Nicole*; qu'en pensez vous ? N'est-ce pas là de la bonne philosophie, une philosophie lumineuse, pleine de sens & de raison, favorable au bien, à la sûreté publique, capable de procurer l'un & l'autre ? Si je cite un peu au long, c'est que cette morale a un rapport direct à mes sentimens, ainsi qu'aux objets de notre démêlé. Lisez & relisez la lettre qui la renferme. Il en est deux autres sur le même sujet dans un 3me volume. C'est là que vous trouverez, Monsieur, un sens profond, des principes sûrs, un chemin abrégé pour arriver à l'utile, au vrai, & plût à Dieu que, selon le vœu de *Nicole*, ces principes, dans toutes nos villes & provinces, fussent, comme autrefois ils l'ont été (les ordonnances des Rois, des Parlemens, & de police le prouvent, le code de ceux qui ont en main l'autorité, de tous les supérieurs ecclésiastiques & civils ! L'humanité en tireroit bientôt les fruits les plus heureux. C'est-là, dis-je, que vous verrez ce que c'est que le véritable *esprit d'observation*, esprit qui a fait tant d'honneur aux grands Académiciens du dernier siecle, mais esprit malheureusement perdu dans celui-ci, siecle singulier sur qui tout glisse.

Je cours, Monsieur, à la fin de cet écrit : votre second entretien commençant à la page 179 de votre *feuille* est, vous le savez, aussi fictif que le premier. En somme, je ne vous ai parlé ni de Sylphes, ni de Gnômes, Ondins, Féerie, &c., ni d'une éclipse, ni d'une comère, ni d'un globe de lumiere qui, dites-vous, passa sur Paris à onze heure du soir, il y a quelques années, ni de *Linguet*, ni de *Leibnitz*, ni de l'Abbé *Sabbathier*, ni de *Montagne*, ni du chanoine Allemand nommé *Garner*. Si ce chanoine a fait des cures miraculeuses, elles ont dû être vérifiées, constatées, examinées; je ne vous ai pas dit non plus que ce sont les Philosophes qui suscitent les *Sorciers* : je soutiens au contraire, que ce sont les *Sorciers* de concert avec les Démons qui suscitent les Philosophes & j'entends les mauvais, les demi-Philosophes, les Philosophes impies, libertins & j'en connois d'une autre trempe.

En un mot, vous me mettez à la bouche dans ces deux entretiens, un vrai galimathias, qui est, non pas de moi, mais bien de vous, & dont une mémoire meublée de choses fort ordinaires a fait les frais. Votre production à cet égard ne peut paroître à tout lecteur sensé, qu'un pur verbiage incapable même d'amuser, ou, pour mieux dire, c'est un ennuyeux remplissage dont assez

Lettre quatrieme.

souvent les Auteurs de feuilles périodiques sont contraints de payer la frivolité, ou, si vous voulez, l'imbécillité de leurs abonnés, mais qui, après tout, ne laisse pas d'être de quelque produit.

Adieu, Monsieur, je crois ma dette acquittée, &, comme je l'ai dit en commençant, convenez avec moi, que, *mieux vaut tard que jamais.*

Je suis, &c.

L'Abbé Fiard.

A Paris, Mars 1776.

Lettre quatrieme.

M. *Muyard de Vouglans* très ancien Magistrat a donné au public, en 1780, le *code des loix criminelles*, in fol. dédié au Roi. Voici des *mots* du mercure sur cet ouvrage, Décembre 1780, N. 50, p. 74.

« La Magie est aussi traitée dans ce livre, &
» l'Auteur ne manque pas de s'y élever dans le
» dernier paragraphe, contre l'impiété des Ecri-
» vains de nos jours, qui ont osé écrire qu'il
» n'y avoit plus de Magiciens. Il a fait la des-
» sus un raisonnement que nous croyons très-
» chrétien, mais auquel il nous a été impossible
» de rien comprendre ».

Ce sont ces *mots* qui ont donné lieu à la lettre suivante, laquelle contient des *choses*. Elle a été envoyée dans son temps à Messieurs les Auteurs du *Mercure*, mais ils n'imiterent pas le procédé honnête de la plupart des Journalistes, notamment de celui de *Verdun*, ainsi qu'on l'a vu plus haut. Ils n'eurent pas la juste complaisance de la rendre publique, quoiqu'on les en eut prié : peut être furent ils empêchés par M. le Censeur, & cet empêchement étoit fort ordinaire quand un Auteur avoit à donner d'assez bonnes choses sur certaines thèses propres à répandre les vraies lumieres.

LETTRE Vme

A l'Auteur d'un article inséré dans le Mercure du 9 Décembre 1780.

EN lisant ce que vous dites, Monsieur, touchant *la Magie*, p. 74 du Mercure de Décembre dernier, dans le compte que vous rendez des *loix criminelles*, rédigées par M. *de Vouglans*, seroit-ce se tromper que de présumer qu'à l'exemple de ce respectable Magistrat, vous n'avez pas la bonhommie de croire aux Sorciers; & que votre intention est de confirmer vos lecteurs dans cette moderne & très-honorable incrédulité ?

J'avoue, Monsieur, que si, porter ce jugement, c'est une erreur, ç'en est une que je partage avec tous vos lecteurs. Cependant ce qui me rassure & ce qui, à vos yeux même, doit me justifier, ce sont ces mots que je lis, p. 28 de votre feuille du 7 Octobre précédent, *quand on songe quelles sottises ont été crues sur toute la terre, combien d'esprits foibles, ou bizarres, ont crû à la Magie, combien il y eût en conséquence de réglemens contre les Sorciers, &c*.

Ces mots, dis-je, prouvent suffisamment, Monsieur, que je ne me trompe point en me persuadant que les auteurs du Mercure ne croyent pas aux Sorciers, qu'ils regardent la magie comme une chimère, & comme des sots ceux qui y croient.

Mon dessein, Monsieur, n'est pas de disserter ici longuement ; seulement j'ose vous prier, puisqu'enfin le rôle que vous remplissez, est de répandre la lumiere, j'ose vous prier d'éclairer l'humanité sur cet objet.

Depuis le commencement du monde jusqu'à ce siecle, toutes les nations ont cru aux Sorciers. D'après des *faits averés*, d'après mille & mille aveux des coupables, tous les parlemens, tous les tribunaux ont rendu des jugemens, porté des arrêts, tous les législateurs ont décerné des peines contre la sorcellerie : l'église enseigne que la Magie, c'est-à-dire, la communication de certains hommes avec les Démons, communication dont ils se servent pour nuire, ou, pour faire des prodiges, est un crime réel. Plus d'une fois la Faculté de Théologie de Paris l'a formellement décidé ; faites donc voir une bonne fois, Monsieur, par raisons solides & plausibles, l'absurdité d'une telle croyance, ou bien indiquez-nous le livre lumineux qu'il faut dévorer pour avoir là-dessus des idées saines.

Je sais que depuis un siecle, la physique a fait de grand progrès ; on a multiplié les découvertes, perfectionné les arts, mieux connu les propriétés de la matiere, l'action de certains corps, leur force, leurs facultés, la cause & les effets du mouvement. On a, en un mot, arraché à la nature des secrets que depuis long-temps elle tenoit opiniâtrement cachés dans son sein ; mais un homme qui diroit, il y a cent ans que l'on connoissoit à peine *l'électricité*, on ignoroit jusqu'au mot d'*air fixe*, on ne savoit pas avec quelle célérité un corps quelconque peut être porté d'un point à un autre, & la vîtesse qu'il lui faut pour échapper à l'œil le plus perçant, la vertu de *l'aimant* n'étoit pas déterminée, aujourd'hui l'on est instruit sur tous ces articles, & sur mille autres que nos physiciens ont mis dans le plus grand jour, donc il n'y a point de Démons, point d'esprits: la matiere en mouvement est tout, opere tout dans l'univers; on donnoit à la Magie ce qu'on devoit attribuer à la physique, donc il n'y eut jamais de Magiciens, il ne peut y en avoir,

Que vous en semble, Monsieur ; un homme qui raisonneroit ainsi, raisonneroit-il juste ? Ses conclusions vous paroîtroient-elles bien liées à ses principes ? Vous en paroîtroient-elles bien déduites, & croyez-vous qu'elles fussent avouées par Aristote le corriphée de nos maîtres ès-arts ? Voilà cependant, au sujet des Sorciers, la triopmhante logique de nos grands génies.

Je parlois tout-à-l'heure, Monsieur, de *faits avérés*, & pour vous décider à prendre un parti, c'est avec raison que vous m'en demandez

Lettre cinquieme.

Vous n'êtes pas sans doute de ceux qui ont dit à Paris, & imprimé que, si on leur assuroit qu'il y a à *Passy* un ressuscité, ils ne feroient pas un pas pour aller voir. Si vous êtes de cette trempe, j'ai tout dit, je me courbe humblement & garde devant vous un respectueux silence. Mais non, le préjugé ne vous domine pas. Eh bien, ne serez-vous pas surpris si je vous en présente un de ces *faits* que vous demandez, & tellement *avéré*, tellement incontestable qu'impartial, comme vous l'êtes, vous ne puissiez le recuser.

Voyez, Monsieur, dans le *traité de la police de M. de la Mare*, qu'un de vos coopérateurs appelloit dernierement dans une de vos feuilles, *un chef-d'œuvre*, & auquel l'Encyclopédie vous renvoie au mot Sorcier; voyez la derniere page du livre 3, tit. 7. C'est la 532eme de l'édition de Paris 1705, 1er. vol. in-fol., vous y lirez ces termes expressifs au sujet du procès connu des bergers de Brie; *il y a preuve qu'Etienne Hocque, alors emprisonné à la Tournelle, ayant prédit qu'il périroit, si on levoit le sort, il mourût en un instant, au même jour & à la même heure que le sort fût levé*, &c. &c. (*a*). En conséquence, arrêt rendu par le Parlement de Paris,

---

(1) Saint-André, Medecin de Coutances, a voulu prouver dans ses Lettres, que cette mort d'*Etienne Hocque*, n'avoit rien que de naturel. Voyez sa réfutation dans le Journal de Trévoux. Décembre 1729.

en 1691. L'époque n'est pas de ce siecle, j'en conviens, elle n'est que du 17ème, mais qu'en conclurrez-vous ? Que les juges du siecle dernier étoient sots ou méchans, qu'ils n'ont pas vu ce qu'ils ont vu, qu'ils n'ont pas entendu ce qu'ils ont entendu, qu'ils ont porté la stupidité ou la scélératesse jusqu'à faire périr des innocens, qu'en un mot ils n'ont rien su vérifier. Qui est-ce qui admettra de pareilles conséquences ? sûrement, Monsieur, ce ne seront pas les vôtres.

Je laisse là beaucoup d'autres *faits* de ce genre, dont les acteurs étoient de plus haut parage, *faits* qui, dans leur temps, furent constatés aux yeux de tout le royaume. Il en est qui ont eu pour témoins, même dans ce siecle, dans notre dix-huitieme siecle, des hommes très-instruits, de très-habiles médecins, tels que *Frédéric Hoffman*, mort en 1742, & autres plus modernes encore que je pourrois nommer. Le fait seul que je viens de rapporter, suffit à prouver, Monsieur, qu'*accuser de foiblesse, ou de bizarrerie ceux qui ont crû à la Magie*, c'est comme le dit votre feuille, c'est vraiment faire *un songe*. Ce fait suffit pour ébranler tout esprit raisonnable, & doit aider à asseoir un jugement. Portez-y le flambeau de la plus sévere critique, examinez-le dans toutes ses circonstances, mais sans passion, vous en serez étonné.

Que seroit-ce, & combien votre surprise n'augmenteroit-elle pas, si, remettant sur le bureau les

les pieces d'un procès beaucoup plus célèbre, j'avançois devant vous que *Grandier*, le fameux *Grandier*, fût réellement *Magicien*, dans toute la force & l'étendue du terme, que *Gayot de Pitaval* & tous ceux, sans exception, qui, après lui, ont écrit sur *Grandier*, ayant été trompés, ont trompé le public; que *l'Histoire des Diables de Loudun*, où ils ont puisé pour le justifier, est un tissu de mensonges; que le nommé *Aubin* calviniste qui a forgé cette histoire en Hollande, plus de soixante ans après le supplice de *Grandier*, ne mérite aucune croyance; que le trait en particulier du crucifix de fer dont il dit qu'on le frappa, est une fable, aussi bien que celui de la calotte suspendue à la voute; que M. *de Laubardemont* & ses adjoints n'étoient ni des esprits foibles, ni des hommes vendus à l'iniquité; que c'étoient au contraire les juges les plus intégres, les plus éclairés, les plus religieux; que *le cardinal de Richelieu*, eût-il voulu se venger de *Grandier*, n'avoit pas besoin pour le faire périr, de recourir au crime de *Magie*, puisqu'il y en avoit mille autres sur son compte; que *Bayle* même, quoiqu'ayant écrit après *Aubin*, semble, à la fin de son dictionnaire critique, au mot *Grandier*, croire celui-ci vraiment coupable de ce crime; que la possession des *religieuses de Loudun* est démontrée; enfin que le prétendu manuscrit conservé en Sorbonne, touchant cette affaire, n'aura jamais d'autorité, tant qu'il ne

D

sera pas produit ; qu'il n'est nullement authentique ; que l'on peut & doit douter de son existence, & que, fût-il mis au jour, il ne résistera pas à *l'examen & discussion critique* de la soi-disant *histoire*, &c. ouvrage solide, imprimé chez *Debure* en 1747, dont quelques écrivains très-peu philosophes ont beau dire qu'il y a peu de philosophie, & dans lequel tout ce que je viens d'avancer est porté jusqu'à l'évidence, pour quiconque ne veut pas s'aveugler ou s'étourdir ?

Oui, Monsieur, je puis faire toutes ces assertions, & je les fais sans crainte que qui que ce soit me refute, sans crainte de passer pour un homme à paradoxe : il y a plus, je défie de prouver que de tous les arrêts de mort portés *juridiquement & selon les loix*, pour le crime de *Sorcellerie*, un seul ait été injuste, & que l'accusé ait péri innocent.

Plusieurs, il est vrai, ont été accusés à tort par le peuple, & cités, si l'on veut, en justice pour ce crime; mais qu'un seul ait été condamné sur cette simple dénonciation, c'est ce qui ne se prouvera jamais; en vain rappelleroit-on ici les anciennes épreuves de l'eau & du feu, je ne parle que des procédures faites en bonne forme.

Je finis, Monsieur, en revenant à M. *de Vouglans*. Le raisonnement *très-chrétien*, dites-vous, qu'il a fait sur la *Magie*, & auquel il vous a été *impossible de rien comprendre*, ne paroît cependant pas si incompréhensible. Les incrédules lui objectent qu'on ne voit plus de Sorciers, depuis qu'on n'y croit plus, & qu'il faut en conclure qu'il n'y en eût jamais, ou que, s'il y en eût, ils n'étoient pas Sorciers véritables. Ce digne Magistrat s'appuie d'abord sur l'autorité de l'église qui croit qu'il y en a en tout temps ; puis il ajoute « C'est en effet l'incrédulité actuelle qui peut-être est la cause qu'on ne voit plus de Sorciers. Il entre dans les pratiques magiques beaucoup de choses qui tiennent à la religion, comme sont des croix, des hosties, des cierges bénis, &c. Et il y a longtemps que la multitude n'a plus de foi à tout cela (graces à vous, Messieurs les incrédules) l'incrédulité même peut donc avoir contribué à éteindre cette engeance, & il est aisé de rétorquer contr'elle son objection ». Tel est le raisonnement de M. de Vouglans. Est-il donc si fort incompréhensible ?

Je conviens qu'une réponse plus simple & plus vraie, seroit celle-ci, & M. de Vouglans pouvoit la faire... L'incrédulité est bien sûrement la cause, non qu'il n'y a plus de sortiléges, mais qu'on n'en voit plus. Pourquoi ! c'est que, comme l'on ne croit plus ni Dieu, ni Diable, ce crime le plus ténébreux, & le plus difficile à découvrir, ne subit aucune recherche.

Voilà, Monsieur, ce que l'amour du vrai m'inspire de vous écrire ; je ne doute pas que jaloux d'étendre son regne & animé de l'esprit d'un généreux philosophe, vous ne rendiez publique cette lettre. C'est, vous le savez, du conflit des opinions opposées que part la lumière, ainsi qu'elle jaillit du choc de certaines pierres, & s'il est décidé que la Société puisse avoir dans son sein des hommes de l'espece de ceux dont est ici question, & puisqu'elle en a eû, elle peut en avoir encore : lui cacher cette grande vérité, c'est se rendre coupable de haute trahison.

Je suis, &c.

à Dijon Février 1781.

L'Abbé FIARD.

Le Journal de Trévoux, Septembre 1732, page 1589, dit de la requête suivante en termes exprès : « *Cette piece est curieuse & convaincante* ». *C'est en rendant compte d'un petit livre intitulé :* Traité de la Magie, *par M. Daugis, chez Frault, quai de Gévres 1732, où cette requête se trouve.*

Cette épithete de curieuse, *ainsi que toute la piece, cadrant merveilleusement avec le sujet des lettres présentes, on ne doit pas être surpris de trouver ici l'une & l'autre, rien ne s'est jamais rencontré plus à propos.*

La même requête a été aussi imprimée en 1731, dans un recueil de lettres au sujet des maléfices & du sortilege servant de réponse aux lettres d'un sieur de Saint-André, medecin de Coutances, par le sieur Boissier, chez Brunet, quai des Augustins. Ledit Saint-André avoit déja été refuté dans le Journal de Trévoux, Décembre 1726.

REQUÊTE

DU PARLEMENT DE ROUEN,

AU ROI,

en 1670.

SIRE,

Votre Parlement remontre très-humblement à votre Majesté, qu'étant de son devoir, dans l'autorité qu'il lui a plu lui commettre dans la province de Normandie, de procéder à la punition des crimes, & particuliérement de ceux qu'on peut appeller de lèze Majesté divine, *qui vont à la destruction de la religion, & à la ruine des peuples*, & se sentant, Sire, dans l'obligation de lui en rendre compte, il ne pourroit laisser passer une lettre venue de sa part, adressant à votre *procureur général*; pour la surséance à l'exécution de certains malfaiteurs condamnés à mort pour sortiléges, & de toutes instructions & procédures contre beaucoup d'autres accusés de pareils crimes, sans lui en faire remarquer les conséquences ; ainsi, que d'une lettre de votre Secrétaire d'état, qui porte que l'intention de votre Majesté est de commuer la peine de mort de ces condamnés, en un bannissement perpétuel de votre province, & de surseoir toutes procédures à l'égard des autres prisonniers, & que votre premier président eût à assembler les plus habiles officiers de votre Parlement avec votre *procureur général*, pour examiner sur la matiere de sortilége, si la jurisprudence de ce parlement doit être plutôt suivie, que celle du Parlement de Paris, & des autres du royaume, qui jugent différemment.

Quoique par les ordonnances des Rois vos prédecesseurs, il soit défendu, Sire, à vos Parlemens de déférer aux lettres-de-cachet; néanmoins la connoissance que l'on a par tout le royaume des soins avec lesquels votre Majesté s'applique à tout ce qui regarde le bien de ses sujets & la soumission & obéissance que votre Parlement apporte à l'exécution de vos commandemens lui ont fait surseoir toutes procédures conformément à vos ordres, espérant que votre Majesté *considérant l'importance de ce crime, & les conséquences de son impunité,* lui redonneroit la liberté de continuer l'inſtruction & le jugement des accuſés.

Cependant, Sire, depuis la lettre de votre ſecrétaire d'Etat, étant venu une déclaration de votre Majeſté qui commue la peine de mort jugée contre les condamnés en un banniſſement perpétuel hors de la province, avec rétabliſſement en leur bonne fame & renommée, & en la poſſeſſion de leurs biens. Votre Parlement a cru, Sire, pour ſatisfaire aux intentions de votre Majeſté, que comme il s'agiſſoit d'un des plus grands crimes qui ſe puiſſent commettre, il devoit vous envoyer le ſentiment général & uniforme de toute la compagnie, puiſqu'il y alloit de la gloire de Dieu, *& du ſoulagement de vos peuples qui gémiſſent ſous la crainte des menaces*

Piece importante & curieuse.

de ces ortes de perſonnes, deſquelles ils reſſentent journellement les effets par des maladies mortelles & extraordinaires, & par les pertes ſurprenantes de leurs biens.

Votre Majeſté, Sire, eſt bien informée qu'il n'y a point de crime ſi oppoſé à Dieu que celui du ſortilége, *qui détruit les fondemens de la Religion, & tire après ſoi d'étranges abominations.* C'eſt par cette raiſon, Sire, que l'Ecriture prononce des peines de mort contre ceux qui les commettent, & que l'égliſe & les SS. PP. ont fulminé leurs anathêmes pour eſſayer de les abolir; que les déciſions canoniques ont décerné leurs plus grands châtimens pour en détourner l'uſage, & que l'égliſe de France animée par la piété des Rois vos prédéceſſeurs en témoigne une si grande horreur, que n'ayant pas cru que les prisons perpétuelles qui sont la plus grande peine qu'elle puisse imposer, fussent suffisantes, elles les a renvoyés à la justice séculiere.

Ç'a été aussi le sentiment général de toutes les nations, de les condamner au supplice, & tous les anciens en ont été d'avis. La loi des douze tables qui a été le principe des loix romaines, ordonne la même punition; tous les jurisconsultes y sont conformes, ainsi que les constitutions des empereurs, & notamment celles de Constantin & de Théodose, qui éclairés des lumieres de l'évangile, non-seulement renouvellerent les mêmes peines, mais aussi défendirent de les recevoir appelans des condamnations contr'eux jugées, & les déclarerent même indignes de l'indulgence du prince. Et Charles VIII, Sire, inspiré des mêmes sentimens, fit cette belle & sévere ordonnance, qui enjoint aux juges de les punir selon l'exigence des cas, à peine d'amende & de privation de leurs charges ; *ordonne que ceux qui ne les déclareront pas, seront punis comme complices*, & de récompenser au contraire les dénonciateurs.

Par cette considération, Sire, & pour l'exécution d'une si sainte ordonnance, vos Parlemens par leurs arrêts proportionnent les peines aux preuves des procès qui se présentent à juger, & celui de votre province de Normandie n'a point trouvé jusqu'ici que sa jurisprudence fut différente de celle de vos autres Parlemens, puisque tous les livres qui traitent de cette matiere rapportent une infinité d'arrêts, qu'ils ont rendus pour la condamnation de plusieurs Sorciers & Sorcieres au feu & à la roue, & à d'autres supplices, sous Chilperic, rapportés par Grégoire de Tours, liv. 6, chap. 35, de son histoire de France.

Tous les arrêts du Parlement de Paris, rendus suivant & conformément à cette ancienne jurisprudence de ce royaume, rapportés par Imbert dans sa pratique judiciaire : tous ceux rapportés par Monstrelet en 1459 contre des accusés d'Artois ; les arrêts du même Parlement du 13 Octobre 1573, contre Marie le Fief, native de Saumur ; du 21 Octobre 1596, contre le sieur de Beaumont, qui ne se défendoit de s'être servi de ses secrets, que pour lever les maléfices, & soulager les maladies; du 4 Juillet 1606, contre François du Bose ; ceux du 20 Juil-

Piece importante & curieuse. 85

let 1580 & 1582, contre Abel de la Rue, natif de Coulomiers; du 2 Octobre 1593 contre Rousseau & sa fille; de 1608, contre les nommés Rousseau & Peley, pour maléfices & adorations du démon au sabath, sous la figure du bouc, confessés par les accusés; l'arrêt du 4 Février 1615, rendu contre un nommé Leclerc, appellant de sentence du jugement d'Orléans, qui fut condamné pour avoir assisté au sabath, & confessa, ainsi que deux de ses complices qui moururent en prison, l'assistance du grand homme noir, l'adoration du bouc, les conjonctions illicites, les sacrifices, *la renonciation aux crême & baptême*, les danses dos-à-dos, toutes circonstances reconnues & rapportées aux procès qui sont présentement à juger au parlement de Normandie;

les arrêts du 6 Mai 1616, contre un nommé Leger pour une même accusation ; la grace donnée par Charles IX au nommé *Trois-Echelles*, condamné à mort, à condition de révéler ses complices ; l'arrêt du même Parlement de Paris, rapporté par Mornac en 1595.

Les jugemens rendus en conséquence de la commission adressée par le Roi Henri IV, au sieur de l'Ancre Conseiller au Parlement de Bordeaux, du 20 Mars 1619, contre Etienne Audibert ; ceux de la chambre de l'Edit de Nerac, du 26 Juin 1620, contre plusieurs accusés ; ceux rendus au Parlement de Toulouse, en 1577, rapportés par Grégoire Tolosanus contre quatre cens accusés de ce crime, tous marqués d'une marque insensible, depuis lesquels de l'Ancre atteste qu'il s'en est rendu plusieurs au Parlement de Provence, & notamment celui de *Gaufredy* en 1611; quantité d'autres arrêts en votre Parlement de Dijon & en celui de Rennes, suivant l'exemple de la condamnation du *Maréchal de Retz*, en 1441, qui fut brûlé en présence du duc de Bretagne, pour crime de Magie; tous ces arrêts font foi, que l'accusation de sortilége est reçue & punie de mort dans tous les Parlemens de votre Royaume, & justifient l'uniformité de leur jurisprudence.

Ce sont-là, Sire, les motifs sur lesquels votre Parlement s'est fondé, pour rendre les jugemens de mort contre ceux qui se sont trouvés convaincus de ce crime; & si depuis quelque temps aucuns de ces Parlemens, & même celui de votre province de Normandie, ont en plusieurs rencontres, condamné en moindre peine que de la mort quelques accusés de sortilége, c'est qu'ils ont conformé leurs jugemens aux preuves rapportées par les procès ; votre Majesté & les Rois vos prédécesseurs ayant bien voulu laisser la liberté à ceux qu'elle a commis pour rendre justice à ses peuples, de déterminer sur le genre de peines, sur la qualité & nature des charges, n'y ayant jamais eu ni par aucune loi, ni par vos ordonnances, ni même par les constitutions des empereurs, qui ont ordonné sévèrement de ce crime, aucunes maximes générales établies pour régler que les preuves sont suffisantes pour la condamnation des accusés de quelque crime que ce soit, n'y en pouvant avoir, les preuves dépendant absolument des circonstances des procès;

Piece importante & curieuse.

Après tant d'autorités & de punitions ordonnées par les loix divines & humaines, votre Majesté, Sire, est très-humblement suppliée de faire encore réflexion *sur les effets extraordinaires*, qui proviennent des maléfices de ces sortes de gens, *sur les morts & maladies inconnues*, précédées le plus souvent de leurs menaces, *sur la perte des biens de vos sujets*, sur l'expérience de l'insensibilité des marques, sur les transports des corps, *sur les sacrifices & assemblées nocturnes*, rapportées par les anciens & nouveaux auteurs, vérifiées de plusieurs témoins oculaires, tant des complices que de ceux qui n'ont aucun intérêt au procès, & confirmées d'ailleurs des reconnoissances de beaucoup d'accusés; & cela, Sire, avec une telle conformité des uns aux autres, que les plus ignorans qui ont été convaincus de ce crime, ont parlé avec les mêmes ciconstances, & de la même maniere que les plus célebres auteurs qui en ont écrit, ce qu'il est aisé de justifier à votre Majesté par quantité de procès qui sont dans votre Parlement.

Ce sont, Sire, des vérités tellement jointes avec les principes de la religion, que quoique les effets en soient extraordinaires, personne jusqu'ici n'a pû les mettre en question; & si l'on a voulu opposer à ces maximes le prétendu canon du concile d'Ancyre, & un passage de S. Augustin, au traité de l'esprit & de l'ame, ç'a été sans fondement, étant aisé de faire voir à votre Majesté, que ni l'un ni l'autre ne doit faire aucune impression ; car, outre que ce canon, dans le sens que l'on veut lui donner, seroit contraire à tous les conciles qui l'ont suivi, le Cardinal Baronius & tous les savans conviennent, qu'il ne se trouve en aucune ancienne édition; en effet, dans celles où il est employé, il est dans une autre langue, & est contraire au canon XXIII du même concile, qui condamne les sorciers, suivant les précedentes constitutions; & d'ailleurs, quand ce canon seroit effectivement du concile d'Ancyre, il faut remarquer qu'il fut sur la fin du second siecle, où la principale attention de l'église étoit alors de détruire le paganisme. Pourquoi il condamne ces sortes de femmes qui disoient aller par les airs, & passer des pays immenses avec Diane & Herodias, & enjoint pour cet effet à tous prêtres de prêcher la fausseté de cette opinion pour détruire l'adoration de ces fausses divinités; *mais il ne détruit pas le pouvoir du démon pour le transport du corps*, qui n'est que trop constant par l'évangile même de Jesus-Christ. Et à l'égard, Sire, du prétendu passage de saint Augustin, tout le monde sait qu'il n'est pas de lui, puisqu'il cite Boëce qui est mort plus de quatre-vingts ans après lui; & ce qui en doit convaincre, c'est que le même Pere établit la vérité du sortilége dans tous ses écrits, & particuliérement dans celui de la cité de Dieu, & en son premier volume, question 25, où il convient *que le sortilége est une communication de l'homme avec le démon, que les chrétiens doivent avoir en horreur*.

Après toutes ces considérations, Sire, les Officiers de votre Parlement esperent de la justice de votre

Majesté, qu'elle aura agréables les très-humbles représentations qu'ils prennent la liberté de lui faire, & qu'étant obligés, *pour l'acquit de leur conscience & du devoir de leurs charges*, de lui faire connoître que les arrêts qui sont intervenus au jugement des sorciers de son ressort, ont été rendus avec une mûre délibération de ceux qui y ont assisté, & que n'ayant rien fait que de conforme à la jurisprudence universelle du royaume, & pour le bien de ses sujets, *dont aucun ne se peut dire à couvert de leurs maléfices*, elle voudra bien souffrir l'exécution des arrêts, en la forme qu'ils ont été rendus, & leur permettre de continuer l'instruction & jugement des procès des personnes accusées de sortilége, & que la piété de votre Majesté ne souffrira pas que l'on introduise durant son regne une nouvelle opinion contraire aux principes de la religion, pour laquelle, Sire, votre Majesté a toujours si glorieusement employé ses soins & ses armes.

Il y eut & il y aura toujours des hommes protecteurs des Diables & Sorciers. Ou bien, ils sont de connivence avec eux, ou bien même, ils n'y croient pas ; & c'est grandement les protéger que de ne pas y croire.

L'auteur des observations sur *Henris*, paroît avoir été dans ce dernier cas, lorsqu'il vient à parler de la Requête qui précéde ; mais voici ce que lui répond Rousseau de la Combe dans son *Traité des matieres criminelles*, p. 91, 5eme édition 1757.

« L'Auteur des observations sur
» *Henris* nous apprend qu'en 1672,
» le Roi donna un arrêt de son con-

Piece importante & curieuse. 95

» seil, par lequel il fut enjoint à ce
» Parlement (de Rouen) de relâ-
» cher ces accusés (de Sorcellerie).
» Cet Auteur ajoute, que cet arrêt
» eut le pouvoir de faire taire le
» Démon, & que depuis ce temps-
» là on n'a plus entendu parler
» de Sorciers en Normandie: mais
» il est à croire que cet auteur n'a
» pas été bien informé, car on
» trouveroit plusieurs arrêts au greffe
» criminel de ce Parlement, par
» lesquels ces sortes de criminels
» ont été condamnés au dernier
» supplice, si ce n'a pas été comme
» Sorciers ou Magiciens, du moins
» ç'a été pour maléfices, impiétés,
» irréligion ».

Il résulte de cette réponse de *Rousseau de la Combe*, que les registres du greffe criminel du Parlement de Rouen, postérieurs à

96 *Piece importante & curieuse.*
1672, pourroient fort bien prouver que l'assertion de l'Auteur des observations sur *Henris*, est absolument fausse, il ne s'agit que de les compulser ; au reste que l'on compulse ceux du Parlement de Paris : voici comme s'en expriment les journalistes de Trevoux, Octobre 1732, page 1680.

« On s'est laissé persuader que le
» Parlement de Paris ne reconnoît
» point de Sorciers ; c'est une er-
» reur démentie par cent arrêts con-
» traires ».

Le journaliste rendoit compte de *l'histoire critique des pratiques superstitieuses*, par le pere Lebrun de l'Oratoire.

F I N.

www.ingramcontent.com/pod-product-compliance
Lightning Source LLC
LaVergne TN
LVHW050637090426
835512LV00007B/909